DEN BEDSTE KAGE OPSKRIFT BOG TIL ALLE

100 utrolige opskrifter på kager, brownies, småkager og muffins til enhver lejlighed

Mads Sørensen

Alle rettigheder forbeholdes.

Ansvarsfraskrivelse

INDHOLDSFORTEGNELSE

INTRODUKTION

Bagning er processen med madlavning ved tør varme, især i en form for ovn. Det er nok den ældste tilberedningsmetode. Bageriprodukter, som omfatter brød, rundstykker, småkager, tærter, kager og muffins, er normalt tilberedt af mel eller mel afledt af en form for korn.

Mel er den grundlæggende ingrediens i kager, bagværk, brød og snesevis af andre bagte produkter. Det giver madens struktur eller rammer. Forskellige typer mel bruges til bagning, selvom den mest almindeligt anvendte er universalmel, da det kan bruges til alle slags bagværk. Til kager er det bedst at bruge kagemel på grund af dets lethed og lave proteinindhold, mens brødmel er bedst egnet til brød på grund af dets høje proteinindhold. Andre meltyper, der bruges til bagning, omfatter fuldkornshvedemel, wienerbrødsmel osv.

Sukker fungerer ikke kun som sødemiddel. Den er også ansvarlig for at gøre kagen mør, fordi den hæmmer hydreringen af mel, som er nødvendig for udviklingen af gluten. Sukker giver også den gyldenbrune farve af kager eller brød. Mest brugt er raffineret hvidt sukker eller granuleret sukker, selvom nogle opskrifter kræver brun farin og endda konditorsukker.

Fedt er også nødvendigt til bagning, fordi det gør bagværket møre, fugtige og fyldige. Smør eller margarine foretrækkes normalt på grund af deres smag og for yderligere farve. Afkortning bruges også ofte, mens andre angiver olie. Smør kan enten cremes eller smeltes afhængigt af dets anvendelse.

For at få kager til at hæve tilsættes hævemidler. Dette producerer kuldioxid, der i vid udstrækning er ansvarlig for stigningen af kagen eller dens volumen. De gør også kagen let og porøs. Bagepulver, bagepulver og gær er eksempler på hævemidler, der bruges til bagning. De første 2 bruges til kager og bagværk, mens gær bruges til brød.

For at holde dejen sammen og for at blande alle ingredienserne tilsættes væske. Væske kan være i form af vand, mælk eller juice. Mælk refererer til sød komælk. At erstatte med inddampet mælk på dåse; fortynd det i forholdet 1:1. Flødemælk i pulverform kan også bruges som erstatning, opløs det blot i vand før brug.

For yderligere struktur tilsættes æg med rigdom og ernæring - enten hele, kun æggeblommer eller bare æggehvider. Det vigtige er at bruge æg af samme størrelse.

Til sidst, for at gøre kager smagfulde og mere interessante, tilsæt nødder, tørret frugt, smagsstoffer, krydderier og endda frisk frugt.

TÆRTER

1. Græskar tærte

Udbytte: 8 portioner

Ingredienser:
- 1 dåse (30 oz.) Pumpkin Pie Mix
- 2/3 kop inddampet mælk
- 2 store æg, pisket
- 1 ubagt 9-tommers tærteskal

Rutevejledning:
a) Forvarm ovnen til 425 grader Fahrenheit.
b) Kombiner græskartærteblandingen, inddampet mælk og æg i en stor røreskål.
c) Hæld fyldet i tærteskallen.
d) Bages i 15 minutter i ovnen.
e) Hæv temperaturen til 350°F og bag i yderligere 50 minutter.
f) Ryst den forsigtigt for at se, om den er færdigbagt.
g) Afkøl i 2 timer på en rist.

2. Southern Sweet Potato Pie

Udbytte: 10 portioner

Ingredienser:
- 2 kopper skrællede, kogte søde kartofler
- ¼ kop smeltet smør
- 2 æg
- 1 kop sukker
- 2 spsk bourbon
- 1/4 tsk salt
- 1/4 tsk stødt kanel
- 1/4 tsk malet ingefær
- 1 kop mælk

Rutevejledning:
a) Forvarm ovnen til 350 grader Fahrenheit.
b) Med undtagelse af mælken skal du kombinere alle ingredienserne i en elektrisk mixer.
c) Tilsæt mælken og fortsæt med at røre, når alt er helt blandet.
d) Hæld fyldet i tærteskallen og bag i 35-45 minutter, eller indtil en kniv, der er indsat nær midten, kommer ren ud.
e) Tag den ud af køleskabet og lad den køle af til stuetemperatur inden servering.

3.   Tranebærtærte

Udbytte: 8 portioner

ingredienser
- 2 tærtebunde
- 1 pakke gelatine; appelsinsmag
- ¾ kop kogende vand
- ½ kop appelsinjuice
- 1 dåse (8-oz) geléet tranebærsauce
- 1 tsk revet appelsinskal
- 1 kop kold halv-og-halv eller mælk
- 1 pakke Jell-O instant budding, fransk vanilje eller vaniljesmag
- 1 kop Cool Whip pisket topping
- Frostede tranebær

Rutevejledning:
a) Forvarm ovnen til 450°F
b) Bring gelatine i kog og opløs den. Hæld appelsinjuice i. Sæt skålen i en større is- og vandskål. Lad det sidde i 5 minutter under jævnlig omrøring, indtil gelatinen er tyknet lidt.
c) Tilsæt tranebærsaucen og appelsinskalen og rør for at kombinere. Fyld tærtebunden med fyldet. Afkøl i cirka 30 minutter, eller indtil den er sat.
d) Hæld halvt og halvt i en mellemskål. Kom tærtefyldningsblandingen i. Pisk indtil det er helt blandet.
e) Stil til side i 2 minutter, eller indtil saucen er tyknet noget. Vend til sidst den piskede topping i.
f) Fordel forsigtigt gelatineblandingen ovenpå. Afkøl i 2 timer eller indtil den er stiv.

4. Italiensk artiskoktærte

Portioner: 8 Portioner

Ingrediens

- 3 æg; Slået
- 1 3 Oz pakke flødeost med purløg; Blødgjort
- $\frac{3}{4}$ tsk hvidløgspulver
- $\frac{1}{4}$ teskefuld peber
- 1$\frac{1}{2}$ kop mozzarellaost, delvis skummetmælk; Strimlet
- 1 kop Ricotta ost
- $\frac{1}{2}$ kop mayonnaise
- 1 14 Oz dåse Artiskokhjerter; Drænet
- $\frac{1}{2}$ 15 Oz dåse Garbanzo bønner, dåse; Skyllet og drænet
- 1 2 1/4 Oz dåse skivede oliven; Drænet
- 1 2 Oz Jar Pimientos; Skåret i tern og afdryppet
- 2 spsk Persille; Klipset
- 1 Tærteskorpe (9 Tommer); Ubagt
- 2 små tomater; Skåret i skiver

Vejbeskrivelse:

a) Kombiner æg, flødeost, hvidløgspulver og peber i et stort rørebassin. Kombiner 1 kop mozzarellaost, ricottaost og mayonnaise i en røreskål.

b) Rør indtil alt er godt blandet.

c) Skær 2 artiskokhjerter i halve og stil til side. Hak resten af hjerterne.

d) Kast osteblandingen med de hakkede hjerter, garbanzo bønner, oliven, pimientos og persille. Fyld dejskallen med blandingen.

e) Bages i 30 minutter ved 350 grader. Den resterende mozzarellaost og parmesanost skal drysses ovenpå.

f) Bages i yderligere 15 minutter eller indtil den er sat.

g) Lad hvile i 10 minutter.

h) Over toppen arrangeres tomatskiver og kvarte artiskokhjerter.

i) Tjene

5. Spaghetti frikadeller tærte

Portioner: 4-6

Ingredienser:
- 1 - 26 oz. pose oksekød Frikadeller
- 1/4 kop hakket grøn peber
- 1/2 kop hakket løg
- 1-8 oz. pakke spaghetti
- 2 æg, let pisket
- 1/2 kop revet parmesanost
- 1-1/4 kopper revet mozzarellaost
- 26 oz. krukke tyk spaghetti sauce

Rutevejledning:
a) Forvarm ovnen til 375°F. Sautér peberfrugt og løg, indtil de er bløde, cirka 10 minutter. Sæt til side.
b) Kog spaghetti, afdryp og skyl med koldt vand og dup tør. Placer i en stor røreskål.
c) Tilsæt æg og parmesanost og rør for at kombinere. Pres blandingen ned i bunden af en sprøjtet 9" tærteplade. Top med 3/4 kop revet mozzarellaost. Tø frosne frikadeller op i mikrobølgeovnen i 2 minutter.
d) Skær hver frikadelle i halve. Læg frikadellehalvdelene over osteblandingen. Kombiner spaghetti sauce med kogt peberfrugt og løg.
e) Hæld over frikadellelag. Dæk løst med folie og bag i 20 minutter.
f) Tag ud af ovnen og drys 1/2 kop mozzarellaost over spaghetti-sauceblandingen.
g) Fortsæt med at bage uden låg i yderligere 10 minutter, indtil den er boblende. Skær i tern og server.

Cremet Ricotta Pie

Portioner: 6

ingredienser:
- 1 butikskøbt tærtebund
- 1 ½ lb. ricottaost
- ½ kop mascarponeost
- 4 sammenpisket æg
- ½ kop hvidt sukker
- 1 spsk brandy

Vejbeskrivelse:
a) Forvarm ovnen til 350 grader Fahrenheit.
b) Bland alle ingredienserne til fyldet i en røreskål. Hæld derefter blandingen i skorpen.
c) Forvarm ovnen til 350°F og bag i 45 minutter.
d) Stil tærten på køl i mindst 1 time inden servering.

6. Cheesecake med græskartærte

Gør 1

ingredienser
Skorpen
- 3/4 kop mandelmel
- 1/2 kop hørfrømel
- 1/4 kop smør
- 1 tsk. Græskartærte krydderi
- 25 dråber flydende stevia

Fyldet
- 6 oz. Vegansk flødeost
- 1/3 kop græskarpuré
- 2 spiseskefulde creme fraiche
- 1/4 kop vegansk tung creme
- 3 spiseskefulde smør
- 1/4 tsk. Græskartærte krydderi
- 25 dråber flydende stevia

Vejbeskrivelse
a) Bland alle skorpens tørre ingredienser og rør grundigt.
b) Mos de tørre ingredienser sammen med smør og flydende stevia, indtil der dannes en dej.
c) Til dine minitærteforme skal du rulle dejen til små kugler.
d) Tryk dejen mod siden af tærteformen, indtil den når og går op ad siderne.
e) Bland alle ingredienserne til fyldet i en røreskål.
f) Blend fyldets ingredienser sammen med en stavblender.
g) Når ingredienserne til fyldet er glatte, fordeles de i skorpen og afkøles.
h) Tag den ud af køleskabet, skær den i skiver og top med flødeskum, hvis det ønskes.

7.   Rustik Cottage Pie

Gør 4 til 6 portioner

ingredienser

- Yukon Gold kartofler, skrællet og skåret i tern
- 2 spsk vegansk margarine
- 1/4 kop almindelig usødet sojamælk
- Salt og friskkværnet sort peber
- 1 spsk olivenolie
- 1 mellemstor gult løg, finthakket
- 1 mellemstor gulerod, finthakket
- 1 selleri ribben, finthakket
- 12 ounce seitan, fint hakket
- 1 kop frosne ærter
- 1 kop frosne majskerner
- 1 tsk tørret krydret
- 1/2 tsk tørret timian

Vejbeskrivelse

a) I en gryde med kogende saltet vand koges kartoflerne møre, 15 til 20 minutter.

b) Dræn godt af og kom tilbage i gryden. Tilsæt margarine, sojamælk og salt og peber efter smag.

c) Mos groft med en kartoffelmoser og stil til side. Forvarm ovnen til 350°F.

d) I en stor stegepande opvarmes olien over medium varme. Tilsæt løg, gulerod og selleri.

e) Dæk til og kog indtil de er møre, cirka 10 minutter. Overfør grøntsagerne til en 9 x 13-tommer bradepande. Rør seitan, svampesauce, ærter, majs, krydret og timian i.

f) Smag til med salt og peber og fordel blandingen jævnt i bradepanden.

g) Top med kartoffelmos, fordel til kanterne af bradepanden. Bages indtil kartoflerne er brune og fyldet er boblende, cirka 45 minutter.

h) Server straks.

SOUFFLE

8.   Majs soufflé

Udbytte: 8-10 portioner

Ingredienser:
- 1 mellemstor løg
- 5 lbs. frosne sukkermajs
- 6 kopper Monterey Jack, strimlet
- 3 æg
- 1 tsk salt

Rutevejledning:
a) I en stegepande sauteres løget i olivenolie. Sæt til side.
b) I en foodprocessor, mal majs.
c) Bland og rør de øvrige ingredienser i, inklusive det sauterede løg.
d) Læg i en 8x14 bradepande, der er smurt.
e) Bages ved 375°F i cirka 25 minutter, eller indtil toppen er gyldenbrun.

9.   Thanksgiving gulerodssoufflé

Udbytte: 8 portioner

Ingredienser:
- 2 lbs. friske gulerødder, skrællet og kogt
- 6 æg
- 2/3 kop sukker
- 6 spiseskefulde matzoh måltid
- 2 tsk vanilje
- 2 stænger smør eller margarine, smeltet
- Et strejf af muskatnød
- 6 spsk brun farin
- 4 spsk smør eller margarine, smeltet
- 1 kop hakkede valnødder

Rutevejledning:
a) Purér gulerødder og æg i en foodprocessor.
b) Bearbejd de næste fem ingredienser, indtil de er glatte.
c) Bag i 40 minutter i en smurt 9x13 bradepande ved 350°F.
d) Tilsæt toppingen og bag i yderligere 5-10 minutter.

10. Apple Fantasy Dessert

Ingredienser:
- 2/3 c. mel
- 3 tsk bagepulver
- 1/2 tsk salt
- 2 æg
- 1 c. melis
- 1/2 c. brunt sukker
- 3 tsk vanilje eller rom eller bourbon
- 3 c. hakkede æbler

Rutevejledning:
a) Pisk æg, tilsæt sukker og vanilje og pisk godt. Tilsæt tørre ingredienser og bland. Hæld æbler i og rør rundt, indtil det er jævnt fordelt. Kom i et dybt ovnfast fad eller souffléfad.
b) Bages 45 minutter ved 350. Serveres lun.

11.   Acorn squash soufflé

Udbytte: 4 portioner

Ingrediens
- 1 æggehvide
- 2 agern squash
- 4 tsk brun farin
- rivning af frisk muskatnød
- $\frac{1}{8}$ teskefuld salt
- 4 spiseskefulde smør
- $\frac{1}{4}$ tsk stødt kanel
- 1 æg, adskilt
- friskkværnet sort peber

Rutevejledning:
a) Forvarm ovnen til 400 F. Vask squash. Skær squash i halve og skrab frø ud. Læg squashhalvdelene med skindsiden opad i $\frac{1}{2}$ tomme (1$\frac{1}{4}$ cm) vand i en ovnfast fad og bag dem i 30 minutter.
b) Fjern fra ovnen. Vend squashhalvdelene med en tang. Kom 1 spsk smør i hver halvdel. Bages igen i 30 minutter, eller indtil kødet er mørt. Afkøl i 30 minutter.
c) Fjern forsigtigt squash fra bradepanden og hæld smør i en skål.
d) Uden at beskadige skindet, tag forsigtigt kødet ud af hver squash-halvdel og kom i samme skål. Purér squashen i en blender eller foodprocessor med det reserverede smør, sukker, krydderier og æggeblomme. Hæld i røreskål.
e) Pisk æggehviderne med saltet, indtil det danner stive toppe. VOLT ind i puréen. Arbejd hurtigt, men forsigtigt, og bevar æggehvidevolumenet. Hæld souffléblandingen i halve squashskind og bag 25 min. eller indtil toppene er brune og begynder at revne. Server straks.

12.   Abrikos og pistacie soufflé

Udbytte: 6 - 8

Ingrediens

- 3 spsk Smør
- 4 spiseskefulde Mel
- 1½ kop mælk
- 6 æggeblommer
- 8 æggehvider
- knivspids salt
- ⅛ tsk Fløde af tatar
- ½ Abrikos- og ananasmarmelade
- ½ Abrikos- og ananasmarmelade
- ¼ teskefuld mandelekstrakt
- 2 Mandelekstrakt
- flødeskum
- tørrede abrikoser, udblødte
- afskallede pistacienødder
- abrikos brandy (valgfrit)
- flormelis
- Malede pistacienødder

Rutevejledning:

a) Forvarm ovnen til 400-F.

b) Smelt smørret og tilsæt melet. Tilsæt mælken gradvist under omrøring med et piskeris for at lave en tyk jævn sauce.

c) Tilsæt sukkeret. Tag af varmen og tilsæt æggeblommerne en ad gangen.

d) Tilsæt mandelekstrakten, de afdryppede, hakkede abrikoser, pistacienødderne og den valgfrie brandy. Pisk æggehviderne, med et nip salt og fløde af tatar, til de er stive.

e) Fold abrikosblandingen i og ske i en smurt og sukkersmurt 6 kopper souffléfad. Sæt souffléen i ovnen og reducer straks varmen til 375-F. Bages i 25 minutter.

13.   Broccoli soufflé

Udbytte: 8 portioner

Ingrediens
- 2 pakker Frossen broccoli; (10 oz. hver
- 3 æg
- Salt og peber efter smag
- 1 spsk løgsuppeblanding
- ½ kop mayonnaise
- Smør til panden
- 2 spsk Matzah måltid, delt

Rutevejledning:
a) Kog broccolien efter pakkens anvisning. Dræn grundigt.
b) Sæt til side. I en røreskål piskes æggene meget godt med salt, peber og løgsuppeblandingen; ræv mayonnaisen og fortsæt med at piske indtil den er godt blandet. Rør den kogte broccoli i.
c) Smør en 7 x11½" bradepande. Drys let med 1 spsk af matzah-melet. Hæld broccoli i gryden og drys toppen med resterende matzah-mel.
d) Bages ved 350 grader i 40-50 minutter, eller indtil toppen er gylden.

14. Calendula soufflé

Udbytte: 4 portioner

Ingrediens

- 1 spsk Smør
- 2 spsk parmesanost
- 6 æg
- ½ kop Halv og halv (det er halv mælk; halv fløde til ikke-amerikanere)
- ¼ kop revet parmesan
- 1 tsk Tilberedt sennep
- ½ tsk salt
- ½ tsk Cayenne
- 1 streg Muskatnød
- ½ pund skarp cheddar; skæres i små stykker
- 10 ounce flødeost; skæres i små stykker
- ½ kop Calendula kronblade

Rutevejledning:

a) Fordel smør i en 5 kops souffléskål. Drys med de 2 spsk parmesan.

b) Pisk æg, ¼ kop parmesan, halv og halv, sennep, salt, cayenne og muskatnød i en blender, indtil det er glat. Mens motoren stadig kører, tilsæt Cheddar stykke for stykke og derefter flødeosten. Hæld i tilberedt fad og rør i calendula kronblade.

c) Bages i 45 til 50 minutter ved 375F, eller indtil toppen er gyldenbrun og lidt revnet. Server med det samme, pynt med flere calendula blomster.

15. Chokolade sky soufflé

Udbytte: 5 portioner

Ingrediens
- ⅓kop Let fløde 3 æggeblommer
- 1 hver 3-ounce pakke Dash salt
- Flødeost 3 æggehvider
- ½ kop halvsød
- Chokolade stykker
- 3 spsk Sigtet
- Flormelis

Rutevejledning:
a) Blend fløde og flødeost ved meget lav varme. Tilføj chokoladestykker; varm op og rør til det er smeltet. Fedt nok. Pisk æggeblommer og salt til tykt og citronfarvet. Blend gradvist i chokoladeblandingen. Pisk æggehvider, indtil der dannes bløde toppe.

b) Tilsæt gradvist sukker, pisk til stive toppe; vend chokoladeblandingen i. Hæld i usmurt 1-liters souffléfad eller gryde. Bages i langsom ovn (300ø) i 45 minutter, eller indtil den indsatte kniv kommer ren ud.

16.   Nedfalden citron soufflé

Udbytte: 1 portioner

Ingrediens

- 3 store æg; adskilt
- 3 spiseskefulde sukker
- 1½ spsk almindeligt mel
- 2 tsk smeltet smør
- 100 milliliter Frisk citronsaft
- 1 spsk citronskal
- 190 milliliter mælk
- 2 teskefulde smeltet smør; ekstra
- 3 spiseskefulde sukker; ekstra
- Friske mynteblade
- Købt sorbet eller is

Rutevejledning:

a) Forvarm ovnen til 180c. og smør seks souffléretter (kapacitet på ca. 200 ml.) Drys dem med det ekstra sukker og stil til side.

b) Pisk æggeblommer og sukker tykt og cremet, tilsæt derefter mel og smør og fortsæt med at piske indtil sukkeret er helt opløst. Rør citronsaft, citronskal og mælk i og pisk indtil dejen er jævn.

c) Pisk æggehviderne i en separat skål, indtil de er "skummende", og fortsæt med at piske, mens sukkeret tilsættes. Pisk ved høj hastighed til æggehviderne er stive og blanke.

d) Fold æggehviderne i citrondejen og del derefter dejen jævnt mellem de tilberedte souffléretter.

e) Læg soufflefadene i en bradepande, og fyld derefter med koldt vand, indtil vandstanden når halvvejs op ad siderne af soufflefadene.

f) Bag dem ved 180c. i 40 minutter.

g) Når souffléerne er færdigbagte, tages de ud af vandbadet og stilles i køleskabet i mindst 30 minutter eller op til 6 timer.

h) Til servering skal du lade dem komme tilbage til stuetemperatur og derefter køre en kniv rundt om kanten af hver soufflefad og vende souffléen på et serveringsfad. Drys med flormelis og pynt med mynteblade. Server med tyk fløde eller is, hvis det ønskes.

17.　　　Frosset tranebærsoufflé med spundet sukker

Udbytte: 2 portioner

Ingrediens
- $2\frac{1}{2}$ kop tranebær, plukket
- $\frac{2}{3}$ kop sukker
- $\frac{2}{3}$ kop vand

Til den italienske marengs:
- $\frac{3}{4}$ kop sukker
- $\frac{1}{3}$ kop vand
- 4 store æggehvider
- $2\frac{1}{2}$ kop godt afkølet tung creme til den spundne sukkerkrans:
- $\frac{1}{2}$ kop let majssirup
- $\frac{1}{4}$ kop sukker
- $\frac{1}{2}$ kop tranebær, plukket
- Myntekviste til pynt

Rutevejledning:
a) Lav tranebærblandingen: Kombiner tranebærene, sukkeret og vandet i en tyk gryde og bring blandingen i kog under omrøring, indtil sukkeret er opløst. Lad blandingen simre, under omrøring af og til, i 5 minutter, eller indtil den er tyknet, og lad den køle helt af.

b) Lav den italienske marengs: Kombiner sukkeret og vandet i en lille tyk gryde og bring blandingen i kog under omrøring, indtil sukkeret er opløst. Kog siruppen, skyl eventuelle sukkerkrystaller, der klæber sig til siden af gryden, med en pensel dyppet i koldt vand, indtil den registrerer 248 grader F. på et sliktermometer, og fjern gryden fra varmen. Mens siruppen koger, piskes æggehviderne i den store skål på en el-mikser med et nip salt, indtil de holder bløde toppe, og med motoren kørende tilsættes den varme sirup i en stråle, pisk og pisk marengsen kl. medium hastighed i 8 minutter, eller indtil den er afkølet til stuetemperatur.

c) Fold tranebærblandingen forsigtigt men grundigt i marengsen. I en anden skål, med rensede piskeris, pisk fløden, indtil den lige holder stive toppe, og fold den forsigtigt men grundigt ind i tranebærblandingen. Hæld souffléen i en $2\frac{1}{2}$ qt. frysesikker serveringsskål af glas (8-tommer diameter), udglatter toppen, og frys souffléen, dens overflade dækket med plastfolie, natten over. souffléen kan laves 3 dage i forvejen og opbevares tildækket og frosset.

d) Lav den spundne sukkerkrans: Kombiner majssirup og sukker i en lille, tung gryde, bring blandingen i kog ved moderat varme, rør indtil sukkeret er opløst, og kog siruppen indtil den er gylden karamel og registrerer 320 grader F. på et sliktermometer.

e) Mens siruppen koger, olie let en 12-tommer firkantet plade af foul og på den arrangere tranebærene i en 6-tommer bred kransform.

f) Tag gryden af varmen og lad siruppen køle af i 30 sekunder.

g) Dyp en gaffel i siruppen og dryp siruppen over tranebærene, gentag denne procedure, indtil tranebærene er dækket og en krans er dannet. (Hvis siruppen bliver for tyk til at dryppe fra en gaffel, opvarmes den ved moderat varme, indtil den har den rette konsistens.) Lad kransen køle helt af. Kransen må laves 2 timer i forvejen - helst ikke på en fugtig dag - og opbevares køligt og tørt.

h) Lirk forsigtigt kransen fra folien, anret den på souffléen og pynt den med myntekviste.

KAGE

18. Græskar dump kage

Udbytte: 10 portioner

Ingredienser:
- 1-30 oz. græskartærtepuré
- 2 æg
- 1 dåse inddampet mælk
- 1/2 æske gul kagemix
- 1 kop hakkede valnødder
- 1/2 kop smør

Rutevejledning:
a) Forvarm ovnen til 350 grader Fahrenheit.
b) Brug en mixer til at blande græskartærtepuré, æg og mælk grundigt.
c) Hæld ingredienserne i en 11x7 eller 8x8 gryde.
d) Pisk let i 1/2 boks tør kageblanding ovenpå.
e) Top med hakkede valnødder og 1/2 kop smeltet smør.
f) Bages i cirka 40 minutter.
g) Lad afkøle indtil servering.
h) Tilsæt flødeskum på toppen.

19. Kagemix Schwarzwaldkage

Gør: 12

ingredienser

- 1 18,25-ounce pakke chokoladekageblanding
- 1 21-ounce dåsefyld med kirsebærtærte
- 2 æg
- 1/3 kop olivenolie
- 1 tsk mandelekstrakt
- 1 kop granuleret sukker
- 5 spsk Smør
- 1/3 kop mælk
- 1 kop chokoladechips

Vejbeskrivelse

a) Forvarm ovnen til 350°F. Smør og mel kageform. Sæt til side.

b) I en stor skål kombineres kageblanding, tærtefyld, æg, olie og mandelekstrakt. Bland til en jævn dej. Bages i 30 minutter.

c) Bland imens de resterende ingredienser i en gryde, og bring det forsigtigt i kog. Rør til det er glat og brug til at froste en varm kage.

20. Kagemix Cherry Cordial Cake

Gør: 12

ingredienser

- 1 18,25-ounce æske chokoladekageblanding
- 1 3,9-ounce pakke instant chokolade budding blanding
- 4 æg
- 1 ¼ kopper vand
- ½ kop olivenolie
- 1 spsk kirsebærekstrakt eller smag
- 1 kop chokoladestykker
- 1 balje tilberedt chokoladefrosting
- Cherry hjertelige slik til pynt

Vejbeskrivelse

a) Forvarm ovnen til 350°F. Smør og mel kageform. Sæt til side.

b) I en stor røreskål kombineres kageblanding, buddingblanding, æg, vand, olie og ekstrakt. Blend med en elektrisk mixer indstillet til lav hastighed i 2 minutter.

c) Hæld dejen i en kageform. Drys chokoladestykker jævnt ovenpå den våde kagedej. Bages i 55 minutter. Lad kagen køle helt af, inden den frostes og pyntes med slik.

21. Kagemix Zucchinikage

Gør: 12

ingredienser

- $\frac{3}{4}$ kop smør
- 3 æg
- 1 tsk vaniljeekstrakt
- $\frac{1}{4}$ teskefuld mandelekstrakt
- 1 kop creme fraiche
- 1 18,25-ounce æske chokoladekageblanding med budding
- 1 mellemstor zucchini, revet
- 1 12-ounce balje tilberedt chokoladeglasur

Vejbeskrivelse

a) Forvarm ovnen til 325°F.

b) I en stor røreskål, flødesmør, æg, vaniljeekstrakt og mandelekstrakt. Tilsæt langsomt cremefraiche. Tilsæt kageblanding. Vend revet zucchini i.

c) Hæld dejen i kageformen og ryst, indtil dejen er jævn. Bag 45 minutter, eller indtil en tandstik kommer ren ud.

d) Afkøl kagen helt, inden den vendes panden på serveringsfad.

22. Chokolade Poke kage

Gør: 20 portioner

ingredienser

- 1 pakke chokoladekagemix
- 2 tsk vaniljeekstrakt, delt
- Dash salt
- 2/3 kop smør
- 28 ounce sødet kondenseret mælk
- 1 kop konditorsukker
- Topping: Hakket jordnøddesmør fyldte sandwich cookies, jordnøddesmør kopper eller en kombination af de to

Vejbeskrivelse

a) Forvarm ovnen til 350°. Forbered kageblandingen i henhold til pakkens anvisninger, tilsæt 1 tsk vanilje og salt, før du blander dejen. Overfør til en smurt 13x9-in. bradepande. Bages og afkøles helt som pakken anviser.

b) Pisk smør og mælk til det er blandet. Brug enden af et træskehåndtag til at stikke huller i kagen med 2 tommers afstand.

c) Hæld langsomt 2 kopper smørblanding over kagen, udfyld hvert hul.

d) Stil kagen og den resterende smørblanding på køl, tildækket, indtil kagen er kold, 2-3 timer.

e) Kombiner den resterende vanilje og den resterende jordnøddesmørblanding; pisk gradvist nok konditorsukker i til at opnå en bred konsistens.

f) Fordel over kagen. Tilføj toppings efter ønske.

23. Toffee Poke kage

Gør: 15 portioner

ingredienser

- 1 pakke chokoladekagemix
- 17 ounce butterscotch-karamel is-topping
- 12 ounce frossen pisket topping, optøet
- 1 kop smør
- 3 Heath slikbarer, hakket

Vejbeskrivelse

a) Forbered og bag kagen i henhold til pakkens anvisninger med smørret.
b) Afkøl på en rist.
c) Brug håndtaget på en træske til at stikke huller i kagen. Hæld 3/4 kop karamel topping i huller. Hæld den resterende karamel over kagen. Top med pisket topping. Drys med slik.
d) Stil på køl i mindst 2 timer før servering.

24. Budding kage

Giver: 12 portioner

ingredienser
- 1 pakke chokoladekagemix
- 1 pakke (3,9 ounce) instant chokoladebuddingblanding
- 2 kopper creme fraiche
- 4 store æg
- 1 kop vand
- 3/4 kop olivenolie
- 1 kop halvsød chokoladechips
- Flødeskum eller is

Vejbeskrivelse
a) I en stor skål kombineres de første seks ingredienser; slå på lav hastighed i 30 sekunder. Pisk på medium i 2 minutter. Rør chokoladechips i. Hæld i en smurt 5-qt. langsom komfur.

b) Dæk og kog på lavt niveau, indtil en tandstik indsat i midten kommer ud med fugtige krummer, 6-8 timer.

25.   Mandelchokoladekage

Giver: 16 portioner

ingredienser

- 1 pakke chokoladekagemix (almindelig størrelse)
- 1 pakke (3,9 ounce) instant chokolade fudge budding blanding
- 1-1/4 dl vand
- 1/2 kop olivenolie
- 4 store æg
- 3 tsk mandelekstrakt
- 2-3/4 kopper halvsød chokoladechips, delt
- 6 spiseskefulde afkølet almindelig eller amaretto-smag, ikke-mejeri-flødekande
- 1 spsk skivede mandler

Vejbeskrivelse

a) I en stor skål kombineres kageblandingen, buddingblandingen, vand, olie, æg og ekstrakt; pisk indtil kombineret. Rør 2 kopper chokoladechips i.

b) Hæld i en smurt og meldrysset 10-in. riflet rørpande. Bages ved 350° i 65-70 minutter, eller indtil en tandstik i midten kommer ren ud. Afkøl i 10 minutter, før den tages ud af panden til en rist for at køle helt af.

c) I en gryde kombineres flødekanden og de resterende chokoladechips. Kog over lav varme, indtil chips er smeltet; rør indtil glat. Afkøl i 45 minutter. Dryp over kagen. Pynt med mandler.

26. Ananas kaffekage

Gør: 12 portioner

Ingrediens
- 2 kopper chokoladekageblanding
- 1 æg
- ⅓kop granuleret sukker
- ⅓kop mælk

Toppings
- ⅓kop Bag det hele bland
- ⅓kop brun farin -- pakket
- ½ tsk stødt kanel
- 1 kop ananas lækkerier --Drænet

Vejbeskrivelse
a) Bræk ægget i en skål og pisk lidt. Tilsæt sukker og mælk og bland godt. Tilsæt 2 kopper Mix gradvist. Pisk indtil det er blandet.
b) Fyld ½ i bageforme
c) Lav toppingen ved at kombinere ⅓kop Mix, brun farin og kanel. Fordel ananas-godbidder over dejen. Drys topping over ananas.
d) Bages i en 400 F. ovn i 15 til 20 minutter.

27. Glaseret roekage

Gør: 8

ingredienser

- 1 18-ounce pakke chokoladekagemix plus ingredienser, der kræves på æsken
- 3 kopper rødbeder, strimlet
- 4 spsk smør, smeltet
- $\frac{1}{2}$ kop konditorsukker

Vejbeskrivelse

a) Forbered og bag kage efter kageblandingsvejledningen, fold rødbeder i, efterhånden som du tilføjer våde ingredienser.
b) Lad kagen køle lidt af.
c) Pisk smør og konditorsukker sammen med en gaffel.
d) Dryp kagen med glasur.

28.   En fugtig stenkage

Gør: 8

ingredienser

- 1 18,25-ounce æske chokoladekageblanding
- 1 kop creme fraiche
- 1 kop kokosolie
- 4 æg
- ½ kop vand
- 1 16-ounce balje forberedt frosting

Vejbeskrivelse

a) Forvarm ovnen til 350°F. Smør og mel kageform. Sæt til side.

b) I en stor røreskål kombineres kageblanding, creme fraiche, kokosolie, æg og vand. Hæld i en kageform. Bages i 50 minutter.

c) Tag ud af ovnen og lad køle helt af. Frost

29. Chokolade lagkage

Gør: 12

ingredienser

- 1 18,25-ounce æske chokoladekageblanding plus ingredienser, der kræves på æsken
- 1 6-ounce krukke karamelis topping
- 7 ounces olivenolie
- 1 8-ounce kar ikke-mejeri pisket topping, optøet
- 8 slikbarer, hakket eller skåret i stykker

Vejbeskrivelse

a) Forbered og bag kage i henhold til instruktionerne for en 9" × 13" kage.

b) Tag kagen ud af ovnen og lad den afkøle i 10 minutter, før du prikker huller i toppen af kagen med en gaffel eller spyd med lange ben.

c) Hæld karamel og derefter kondenseret mælk over kagen, fyld alle hullerne. Lad kagen stå til den er kølet helt af.

d) Frost med pisket topping og drys med candy bar stykker. Afkøles

30. Tres leches kage

Gør: 16 mini kager

Ingredienser:
- 1 kop universalmel
- 1½ tsk. bagepulver
- Knib salt
- 5 store æg, adskilt
- 4 spsk smør, smeltet og afkølet
- 1 kop plus 3 spsk granuleret sukker
- 4 teskefulde. vanille ekstrakt
- ¼ kop sødmælk
- 350ml dåse inddampet mælk
- 400ml dåse kondenseret mælk
- 2½ dl tung fløde
- 1 spsk usaltet smør, smeltet og afkølet

Vejbeskrivelse
a) Forvarm ovnen til 340°F (171°C). Smør og mel en 24-kopps muffinform eller to 12-kopps muffinforme, fyld tomme hulrum med vand, og sæt til side.
b) Bland universalmel, bagepulver og salt i en mellemstor skål. Sæt til side.
c) Fordel æggehvider og æggeblommer i forskellige mellemstore skåle. I en skål piskes æggeblommer, 2 spsk smør og
d) ¾ kop sukker med en elektrisk røremaskine ved medium hastighed, indtil det er svagt gult. Tilsæt 2 tsk vaniljeekstrakt og sødmælk og pisk ved lav hastighed, indtil det er inkorporeret.
e) I den anden skål piskes æggehvider ved medium-høj hastighed i 2 minutter, indtil der dannes bløde toppe.
f) Tilsæt ¼ kop sukker og fortsæt med at piske ved medium-høj hastighed, indtil hviderne er stive.

g) Kombiner æggeblomme og melblandinger. Vend forsigtigt æggehvideblandingen i og hæld derefter dejen i muffinsforme eller -forme.

h) Bages i 20 minutter eller indtil midten er sat. Fjern, prik huller i toppen med en gaffel, og lad det køle af.

i) I en mellemstor skål kombineres inddampet mælk, kondenseret mælk, $\frac{1}{2}$ kop tung fløde, resterende 2 spsk smør og usaltet smør og hældes over kager.

j) Pisk de resterende 2 kopper tung fløde, de resterende 3 spsk sukker og de resterende 2 teskefulde vaniljeekstrakt med en elektrisk mixer ved medium hastighed, indtil de er luftige. Fordel over afkølede kager.

k) Opbevaring: Opbevares i en lufttæt beholder i køleskabet i op til 3 dage.

31. Vaniljejordbærcremekage

Serverer 6

Ingredienser:

- 1 kop (100 g) mandelmel
- ½ kop (75 g) Natvia
- 1 tsk. (5g) bagepulver
- 2 spiseskefulde (40 g) kokosolie
- 2 store æg (51g hver)
- 1 tsk. (5 g) vaniljeekstrakt
- 300 ml kold fløde
- 200 g friske modne jordbær

Rutevejledning:

a) Forvarm airfryer ved 180°C i 3 minutter.

b) I en stor skål blandes mandelmel, Natvia og bagepulver sammen med en knivspids havsalt.

c) Tilsæt kokosolie, æg og vanilje og rør for at kombinere.

d) Pensl let en 16 cm kageform med ekstra kokosolie.

e) Brug en spatel til at skrabe blandingen ned i kagedåsen.

f) Kom i airfryer-kurven og dæk med folie.

g) Kog ved 160°C i 20 minutter.

h) Fjern folien og kog i yderligere 10 minutter, eller indtil et spyd, der er indsat, fjerner rent.

i) Når den er afkølet, piskes den kolde fløde med en elpisker i 5 minutter, eller indtil der dannes stive toppe.

j) Fordel over kagen og anret de snittede jordbær ovenpå.

k) Start udefra, og brug de større skiver (den spidse side ud) gradvist og arbejd dig ind.

l) Overlap hvert lag for at skabe højde.

32.   Spansk cheesecake

Portioner: 10 portioner

Ingrediens
- 1 pund flødeost
- 1½ kop sukker; Granuleret
- 2 æg
- ½ tsk kanel; Jord
- 1 tsk citronskal; Revet
- ¼ kop ubleget mel
- ½ tsk salt
- 1 x Konditorsukker
- 3 spsk Smør

Vejbeskrivelse:
a) Forvarm ovnen til 400 grader Fahrenheit. Rør osten, 1 spsk smør og sukkeret sammen i et stort rørebassin. Må ikke tæske.
b) Tilsæt æggene et ad gangen, pisk grundigt efter hver tilsætning.
c) Bland kanel, citronskal, mel og salt. Smør panden med de resterende 2 spsk smør, fordel det jævnt med fingrene.
d) Hæld dejen i den forberedte gryde og bag ved 400 grader i 12 minutter, sænk derefter til 350 grader og bag i yderligere 25 til 30 minutter. Kniven skal være fri for rester.
e) Når kagen er afkølet til stuetemperatur, drys den med konditorsukker.

BROWNIES

33. Kagemix Hamp Brownies

Gør: 12

ingredienser

- 1 pakke chokoladekagemix (almindelig størrelse)
- 3/4 kop smør, smeltet
- 1 dåse (5 ounce) inddampet mælk, delt
- 1 pakke (11 ounce) Kraft karamel bits
- 1 kop halvsød chokoladechips
- 1 pakke gul kagemix (almindelig størrelse)
- 1 stort æg, stuetemperatur
- 1/2 kop plus 1 spsk smør, blødgjort, delt
- 1 dåse (14 ounce) sødet kondenseret mælk
- 1 pakke (11-1/2 ounce) mælkechokoladechips

Vejbeskrivelse

a) Forvarm ovnen til 350°. Line en 13x9-in. bradepande med pergament; fedt papir.

b) I en stor skål, slå chokoladekage mix, smeltet smør og 1/3 kop inddampet mælk indtil blandet; dejen bliver tyk. Reserver 1/4 kop dej til topping. Fordel den resterende dej i den forberedte gryde. Bages 6 minutter.

c) I mellemtiden, i en mikrobølgeovn, smelt karamelbits og resterende 1/3 kop inddampet mælk; rør indtil glat. Drys varm chokoladeskorpe med halvsøde chips; hæld karamelblandingen ovenpå. Sæt til side.

d) I en anden stor skål, slå gul kage mix, æg og 1/2 kop blødgjort smør indtil kombineret; dejen bliver tyk. Reserver halvdelen til topping. Smuldr den resterende blanding over karamellaget. Bages 6 minutter.

e) I en mikrobølgeovn, smelt sødet kondenseret mælk, mælkechokoladechips og de resterende 1 spsk blødgjort smør; rør indtil glat.

f) Hæld det gule kagelag over. Drys med reserverede gul- og chokoladekagedej. Bag til toppen er gyldenbrun, 20-25 minutter.

g) Afkøl helt på en rist. Opbevares i en lufttæt beholder.

34. Triple Fudge Brownies

Gør: 12

ingredienser

- 1 pakke (3,9 ounce) instant chokoladebuddingblanding
- 1 pakke chokoladekagemix (almindelig størrelse)
- 2 kopper halvsød chokoladechips
- sukker
- Vanilje is

Vejbeskrivelse

a) Tilbered budding efter pakkens anvisninger. Pisk tør kageblanding i. Rør chokoladechips i.

b) Hæld i en smurt 15x10x1-in. bradepande. Bages ved 350° indtil toppen springer tilbage ved let berøring, 30-35 minutter.

c) Støv med sukker

35.   Flødeost Brownies

Gør: 12

ingredienser

- 1 18,25-ounce æske chokoladekageblanding
- ½ kop smør, smeltet
- 2 æg, delt
- ½ æske konditorsukker
- 1 8-ounce pakke flødeost, blødgjort

Vejbeskrivelse

a) Forvarm ovnen til 325°F. Smør og mel kageform. Sæt til side.
b) Kombiner kagemix, smør og 1 æg. Bland godt. Tryk blandingen i en bradepande. Kombiner det resterende æg med de sidste to ingredienser og fordel ovenpå kageblandingen.
c) Bages i 28 minutter. Lad køle helt af i gryden, inden du skærer i brownie-firkanter.

36. Peanut Brownies

Mærker: 36

ingredienser

- 1 18,25-ounce pakke mørk chokoladekageblanding
- ½ kop mørk chokolade, stødt
- ½ kop smør
- 2 æg
- ¼ kop vand
- 1 16-ounce balje klar til at sprede vaniljefrosting
- 1/3 kop jordnøddesmør
- 2 kopper pulveriseret sukker
- ¼ kop kakao
- 3 spsk vand
- ¼ kop jordnøddesmør
- ¼ kop smør
- 1 tsk vanilje

Vejbeskrivelse

a) Forvarm ovnen til 350°F. Spray en 13" × 9" pande med en nonstick-bagespray indeholdende mel, og sæt til side.

b) I en stor skål kombineres kageblanding, stødt chokolade, ½ kop jordnøddesmør, æg og vand og blandes, indtil det er kombineret. Pisk i 40 slag, og fordel derefter i forberedt gryde.

c) Bages i 26-31 minutter, eller indtil brownies netop er sat. Afkøl helt på rist.

d) I samme skål kombineres pulveriseret sukker og kakao og blandes godt. Kombiner vand, jordnøddesmør og mikroovn i en lille mikrobølgesikker skål, indtil smørret smelter, cirka 1 minut.

e) Hæld i pulveriseret sukkerblanding, tilsæt vanilje, og pisk indtil glat.

f) Hæld straks jordnøddesmørfyldet over og fordel forsigtigt til dækning. Lad stå indtil frostingen er fast, og skær derefter i stænger.

37.   Brownie bider

Mærker: 24

ingredienser
- 1 18,25-ounce æske vegansk chokoladekageblanding
- 1 29-ounce dåse græskarpuré
- 2 kopper veganske chokoladestykker
- 1 kop hakkede valnødder

Vejbeskrivelse
a) Forvarm ovnen til 350°F.
b) Brug en elektrisk mixer til at kombinere kageblanding og græskar, indtil det er helt indarbejdet. Vend chokoladestykker og valnødder i.
c) Læg en skefuld på en nonstick-bageplade. Bages i 10 minutter. Afkøl på en rist.

38.   Choc chip Bud Brownies

Gør: 12

ingredienser
- 1 3,9-ounce pakke instant vaniljebudding plus ingredienser påkrævet på æsken
- 2 kopper sødmælk
- 1 18,25-ounce æske chokoladekageblanding uden budding
- 2 kopper halvsød chokoladechips

Vejbeskrivelse
a) Forvarm ovnen til 350°F.
b) Pisk budding og mælk for at kombinere grundigt.
c) Tilsæt langsomt kageblandingen til buddingblandingen. Fold chokoladechips i.
d) Vend dejen i en jellyroll-form og bag i 15 til 20 minutter.
e) Lad den køle lidt af, før den skæres i stænger.

39. Infunderede hasselnøddebrownies

Gør: 24 brownies

Ingredienser:
- 1 kop chokoladekageblanding
- 2 SPISKE usaltet smør
- 8 TESKERE smør
- $1\frac{1}{2}$ dl mørk brun farin, tæt pakket
- $\frac{1}{2}$ kop mælkechokoladechips
- $\frac{1}{2}$ kop halvsød chokoladechips
- $\frac{1}{2}$ kop ristede hasselnødder, hakket

Vejbeskrivelse
a) Forvarm ovnen til 340°F (171°C). Beklæd en 9×13-tommer (23×33 cm) bradepande let med nonstick-spray og sæt til side.
b) I en dobbelt kedel ved svag varme smeltes usaltet smør og smør sammen. Når det er smeltet, tages det af varmen og mørk brun farin røres i. Hæld smør-sukkerblandingen i kageblandingen og rør for at kombinere.
c) Tilsæt mælkechokoladechips, halvsød chokoladechips og hasselnødder, og pisk i et par sekunder for hurtigt at fordele sig.
d) Overfør blandingen til den forberedte gryde og bag i 23 til 25 minutter, eller indtil toppen ser mørk og tør ud. Afkøl helt i gryden, inden den skæres i 24 stykker og flyttes til en tallerken.

40. Low-carb brownies

Gør: 12

ingredienser

- 3 æg, pisket
- 12 T infunderet smør
- 3oz. mørk chokoladekage mix
- 3/4 C erythritol

Rutevejledning:

a) Forvarm ovnen til 350°F.

b) Bland de tørre ingredienser og stil til side.

c) Smelteinfunderetsmør og chokolade sammen i 30 sekunder, tilsæt det sammenpiskede æg og bland godt. Tilsæt tørre ingredienser.

d) Hæld dejen i en 8x8 pandebeklædt med bagepapir. Bages i 20 minutter.

41. Grasshopper Brownies

Gør: 12

ingredienser
- 1 10-ounce æske chokolade biscotti blanding
- 2 store æg
- 5 spsk smør, smeltet
- Økologiske chokoladestykker
- 3 spsk pebermyntesmag

Vejbeskrivelse
a) Forvarm ovnen til 350°F. Smør og mel 8" × 8" kageform. Sæt til side.
b) I en stor røreskål kombineres biscottiblanding, æg, smør, chokoladestykker og pebermyntesmag.
c) Brug en elektrisk mixer indstillet til medium hastighed til at kombinere ingredienser. Hæld dejen i gryden. Bages i 25 minutter.

42.   Mint brownies

Gør: 18

ingredienser

Brownies

- 1 kop (230 g) usaltet smør
- 2 ounce halvsød chokolade, groft hakket
- 1 kop chokoladekageblanding

Mint frosting lag

- 1/2 kop (115 g) usaltet smør, blødgjort til stuetemperatur
- 2 kopper (240 g) konditorsukker
- 2 spiseskefulde (30 ml) mælk
- 1 og 1/4 tsk pebermynteekstrakt
- 1 dråbe væske eller gelgrøn madfarve

Chokolade lag

- 1/2 kop (115 g) usaltet smør
- 1 dynger kop (ca. 200 g) halvsøde chokoladechips

Vejbeskrivelse

Til **brownies:**

a) Smelt smørret og hakket chokolade i en medium gryde ved middel varme under konstant omrøring i cirka 5 minutter.

b) Bland i kageblandingen

Til **myntefrostinglaget:**

c) Pisk smørret ved middel hastighed, indtil det er glat og cremet, cirka 2 minutter. Tilsæt konditorernes sukker og mælk. Tilsæt pebermynteekstrakt og madfarve og pisk højt i 1 minut.

d) Frost afkølede brownies, som du har lagt på bagepladen, og stil bagepladen i køleskabet.

Til **chokoladelaget:**

e) Smelt smørret og chokoladechipsene i en mellemstor gryde ved middel varme under konstant omrøring i cirka 5 minutter.

f) Når det er smeltet og glat, hældes det over myntelaget.

g) Spred forsigtigt med en kniv eller offset spatel. Chill.

h) Når det er afkølet, tages det ud af køleskabet og skæres i firkanter.

43. Chokolade hasselnødde brownies

Ingredienser:

- 1 kop usødet kakaopulver
- 1 kop universalmel
- 1 tsk. bagepulver
- $\frac{1}{4}$ teskefulde. salt
- 2 SPISKE usaltet smør
- 8 TESKERE smør
- $1\frac{1}{2}$ dl mørk brun farin, tæt pakket
- 4 store æg
- 2 teskefulde. vanille ekstrakt
- $\frac{1}{2}$ kop mælkechokoladechips
- $\frac{1}{2}$ kop halvsød chokoladechips
- $\frac{1}{2}$ kop ristede hasselnødder, hakket

Vejbeskrivelse

a) Forvarm ovnen til 340°F (171°C). Beklæd en 9×13-tommer (23×33 cm) bradepande let med nonstick-spray og sæt til side. I en mellemstor skål kombineres usødet kakaopulver, universalmel, bagepulver og salt. Sæt til side.

b) I en dobbelt kedel ved svag varme smeltes usaltet smør og smør sammen. Når det er smeltet, tages det af varmen og mørk brun farin røres i. Hæld smør-sukkerblandingen i melblandingen og rør for at kombinere.

c) I en stor skål, pisk æg og vaniljeekstrakt med en elektrisk mixer ved medium hastighed i 1 minut. Tilsæt langsomt smør-melblandingen og bland i 1 minut mere, indtil det lige er blandet. Tilsæt mælkechokoladechips, halvsød chokoladechips og hasselnødder, og pisk i et par sekunder for hurtigt at fordele sig.

d) Overfør blandingen til den forberedte gryde og bag i 23 til 25 minutter, eller indtil toppen ser mørk og tør ud. Afkøl helt i gryden, inden den skæres i 24 stykker og flyttes til en tallerken.

e) Opbevaring: Opbevar tæt pakket ind i plastfolie i køleskabet i 4 til 5 dage eller i fryseren i 4 til 5 måneder.

44.   Jordnødog Jelly Fudge

Ingredienser:

- Ahornsirup, $\frac{3}{4}$ kop
- Vaniljeekstrakt, 1 tsk
- Jordnødder, 1/3 kop, hakket
- Jordnøddesmør, $\frac{3}{4}$ kop
- Tørrede kirsebær, 1/3 kop, i tern
- Chokoladeproteinpulver, $\frac{1}{2}$ kop

Vejbeskrivelse

a) Hak jordnødder og kirsebær og stil til side.

b) Varm ahornsirup op ved lav temperatur og hæld derefter jordnøddesmør over i en skål. Bland indtil glat.

c) Tilsæt vanilje og proteinpulver og rør det godt sammen.

d) Tilsæt nu peanuts og kirsebær og fold forsigtigt, men hurtigt.

e) Overfør dejen til en forberedt gryde og frys, indtil den stivner.

f) Skær i stænger efter indstilling og nyd.

45.　　　No-Bake Mandel Fudge

Ingredienser:
- Havre, 1 kop, malet til mel
- Honning, ½ kop
- Hurtig havre, ½ kop
- Mandelsmør, ½ kop
- Vaniljeekstrakt, 1 tsk
- Vaniljeproteinpulver, ½ kop
- Chokoladechips, 3 spiseskefulde sprøde riskorn, ½ kop

Vejbeskrivelse
a) Sprøjt en brødform med madlavningsspray og stil til side. Kombiner riskorn med havremel og hurtig havre. Hold til side.
b) Smelt mandelsmør med honning i en gryde og tilsæt vanilje.
c) Overfør denne blanding til skålen med tørre ingredienser og bland godt.
d) Overfør til forberedt pande og jævn ud med en spatel.
e) Stil på køl i 30 minutter eller indtil den er fast.
f) Imens smeltes chokoladen.
g) Tag blandingen af panden og dryp smeltet chokolade ovenpå. Stil chokoladen på køl igen, indtil chokoladen stivner, og skær derefter i skiver af den ønskede størrelse.

46.   Red Velvet Fudge Proteinbarer

Ingredienser:

- Brændt rødbedepuré, 185 g
- Vaniljestangpasta, 1 tsk
- Usødet sojamælk, ½ kop
- Nøddesmør, 128 g
- Pink Himalaya salt, 1/8 tsk
- Ekstrakt (smør), 2 tsk
- Rå stevia, ¾ kop
- Havremel, 80 g
- Proteinpulver, 210 g

Vejbeskrivelse

a) Smelt smør i en gryde og tilsæt havremel, proteinpulver, rødbedepuré, vanilje, ekstrakt, salt og stevia. Rør indtil kombineret.

b) Tilsæt nu sojamælk og rør, indtil det er godt indarbejdet.

c) Overfør blandingen til en gryde og stil den på køl i 25 minutter.

d) Når blandingen er fast skæres den i 6 barer og nydes.

47.   Fudge Munchies

Portioner: 6-8

Ingredienser:
- 1/2 kop smør
- 1/2 kop mandelsmør
- 1/8 til 1/4 kop honning
- 1/2 af en banan, moset
- 1 tsk. Vanille ekstrakt
- enhver form for nøddesmør
- 1/8 kop tørret frugt
- 1/8 kop chokoladechips

Rutevejledning:
a) Tilsæt alle ingredienserne i en blender eller foodprocessor. Blend i flere minutter indtil glat. 2. Hæld dejen i en brødform med bagepapirsbeklædning.
b) Stil på køl eller frys til den er fast. Skær i 8 lige store firkanter.

48.   Frosted Mokka Brownies

ingredienser

- 1 c. sukker
- 1/2 c. smør, blødgjort
- 1/3 c. bagning af kakao
- 1 t. instant kaffe granulat
- 2 æg, pisket
- 1 t. vanille ekstrakt
- 2/3 c. mel til alle formål
- 1/2 t. bagepulver
- 1/4 t. salt
- 1/2 c. hakkede valnødder

Vejbeskrivelse

a) Kom sukker, smør, kakao og kaffegranulat i en gryde. Kog og rør ved middel varme, indtil smørret er smeltet. Fjern fra varmen; afkøles i 5 minutter. Tilsæt æg og vanilje; rør til det lige er blandet.

b) Blend mel, bagepulver og salt i; fold nødderne i. Fordel dejen i en smurt 9"x9" bradepande. Bages ved 350 grader i 25 minutter, eller indtil de er stivnet.

c) Afkøl i gryde på en rist. Fordel Mocha Frosting over afkølede brownies; skæres i stænger. Gør et dusin.

49.   Pekansmør chiafrø blondies

ingredienser
- 2 1/4 kopper pekannødder, ristede
- 1/2 kop Chiafrø
- 1/4 kop smør, smeltet
- 1/4 kop Erythritol, pulveriseret
- 1 spsk SF Torani Saltet

Karamel
- 2 dråber flydende stevia
- 2 store æg
- 1 tsk. Bagepulver
- 3 spiseskefulde tung creme
- 1 knivspids salt

Vejbeskrivelse
a) Forvarm ovnen til 350F. Mål 2 1/4 kop pekannødder op
b) Kværn 1/2 kop hele chiafrø i en krydderikværn, indtil der dannes et måltid.
c) Fjern chiamryddet og kom det i en skål. Dernæst males 1/4 kop Erythritol i en krydderikværn, indtil den er pulveriseret. Sæt i samme skål som chia-måltidet.
d) Læg 2/3 af de ristede pekannødder i foodprocessor.
e) Bearbejd nødder, skrab siderne ned efter behov, indtil der er dannet glat nøddesmør.
f) Tilsæt 3 store æg, 10 dråber flydende stevia, 3 spsk SF Salted Caramel Torani-sirup og en knivspids salt til chiablandingen. Bland dette godt sammen.
g) Tilsæt pecansmør til dejen og bland igen.
h) Brug en kagerulle til at smadre resten af de ristede pekannødder i stykker inde i en plastikpose.
i) Tilsæt knuste pekannødder og 1/4 kop smeltet smør i dejen.
j) Bland dejen godt, og tilsæt derefter 3 spsk Heavy cream og 1 tsk. Bagepulver. Bland det hele godt sammen.
k) Mål dejen op i en 9×9 bakke og glat ud.

117

l) Bages i 20 minutter eller indtil den ønskede konsistens.

m) Lad afkøle i cirka 10 minutter. Skær browniens kanter af for at skabe en ensartet firkant. Det er det, jeg kalder "bagerens godbidder" - jep, du gættede rigtigt!

n) Snack på de dårlige drenge, mens du gør dem klar til at servere for alle andre. Den såkaldte "bedste del" af brownien er kanterne, og derfor fortjener du at få det hele.

o) Server op og spis til dit hjerte (eller rettere makroer) indhold!

50.   Æble brownies

ingredienser

- 1/2 c. smør, blødgjort
- 1 c. sukker
- 1 t. vanille ekstrakt
- 1 æg, pisket
- 1-1/2 c. mel til alle formål
- 1/2 t. bagepulver

Vejbeskrivelse

a) Forvarm ovnen til 350 grader F (175 grader C). Smør en 9x9 tommer bradepande.

b) I en stor skål pisk det smeltede smør, sukker og æg sammen, indtil det er luftigt. Vend æbler og valnødder i. I en separat skål sigtes mel, salt, bagepulver, natron og kanel sammen.

c) Rør melblandingen i den våde blanding, indtil den netop er blandet. Fordel dejen jævnt i den tilberedte bageform.

d) Bag 35 minutter i den forvarmede ovn, eller indtil en tandstikker i midten kommer ren ud.

51.   Pebermyntebark brownies

ingredienser

- 20 oz. pkg. fudge brownie blanding
- 12 oz. pkg. hvide chokolade chips
- 2 t. margarine
- 1-1/2 c. slikstokke, knuste

Vejbeskrivelse

a) Forbered og bag brownieblanding i henhold til pakkens anvisninger ved hjælp af en smurt 13"x9" bradepande. Efter bagning afkøles helt i gryden.

b) I en gryde ved meget lav varme smeltes chokoladechips og margarine under konstant omrøring med en gummispatel. Fordel blandingen over brownies; drys med stødt slik.

c) Lad stå i cirka 30 minutter, før du skærer i firkanter. Gør 2 dusin.

52.   Jordnøddesmør fudge barer

ingredienser

Skorpen

- 1 kop mandelmel
- 1/4 kop smør, smeltet
- 1/2 tsk. Kanel
- 1 spiseskefulde Erythritol
- Knivspids salt

Fudgen

- 1/4 kop Heavy Cream
- 1/4 kop smør, smeltet
- 1/2 kop jordnøddesmør
- 1/4 kop Erythritol
- 1/2 tsk. Vanille ekstrakt
- 1/8 tsk. Xanthan Gum
- Toppings
- 1/3 kop Lily's Chokolade, hakket

Vejbeskrivelse

a) Forvarm ovnen til 400°F. Smelt 1/2 kop smør. Halvdelen vil være til skorpen og halvdelen til fudgen. Bland mandelmel og halvdelen af det smeltede smør.

b) Tilsæt erythritol og kanel, og bland derefter sammen. Hvis du bruger usaltet smør, tilsæt en knivspids salt for at få flere smage frem.

c) Bland til det er jævnt hele vejen igennem og tryk i bunden af en bradepande beklædt med bagepapir. Bag skorpen i 10 minutter, eller indtil kanterne er gyldenbrune. Tag den ud og lad den køle af.

d) Til fyldet, kom alle fudge-ingredienserne i en lille blender eller foodprocessor og blend. Du kan også bruge en elektrisk håndmixer og skål.

e) Sørg for at skrabe ned i siderne og bland alle ingredienserne godt sammen.

f) Når skorpen er afkølet, fordeles fudgelaget forsigtigt helt op til siderne af bageformen. Brug en spatel til at udjævne toppen så godt du kan.

g) Lige før afkøling, top dine barer af med lidt hakket chokolade.

h) Stil på køl natten over eller frys ned, hvis du vil have det snart.

i) Når de er afkølet, fjernes stængerne ved at trække bagepapiret ud.

j) Skær i 8-10 barer og server! Disse peanutbutter fudge barer bør nydes afkølet!

53. Yndlings courgette brownies

ingredienser
- 1/4 c. smør, smeltet
- 1 kop jordnøddesmør
- 1 æg, pisket
- 1 t. vanille ekstrakt
- 1 c. mel til alle formål
- 1 t. bagepulver
- 1/2 t. bagepulver
- 1 T. vand
- 1/2 t. salt
- 2-1/2 T. bagekakao
- 1/2 c. hakkede valnødder
- 3/4 c. zucchini, strimlet
- 1/2 c. halvsøde chokoladechips

Vejbeskrivelse
a) I en stor skål blandes alle ingredienserne undtagen chokoladechips.
b) Spred dejen i en smurt 8"x8" bradepande; drys dejen med chokoladechips.
c) Bages ved 350 grader i 35 minutter. Afkøl før skæres i stænger. Gør et dusin.

54.　　　Malt chokolade brownies

ingredienser

- 12 oz. pkg. mælkechokolade chips
- 1/2 c. smør, blødgjort
- 3/4 c. sukker
- 1 t. vanille ekstrakt
- 3 æg, pisket
- 1-3/4 c. mel til alle formål
- 1/2 c. maltet mælkepulver
- 1/2 t. salt
- 1 c. maltede mælkekugler, groft hakket

Vejbeskrivelse

a) Smelt chokoladechips og smør i en gryde ved lav varme under jævnlig omrøring. Fjern fra varmen; lad køle lidt af.

b) Blend de resterende ingredienser undtagen maltede mælkekugler i den angivne rækkefølge.

c) Fordel dejen i en smurt 13"x9" bradepande. Drys med maltede mælkekugler; bages ved 350 grader i 30 til 35 minutter. Fedt nok. Skær i stænger. Gør 2 dusin.

55. Tyske chokolade brownies

ingredienser

- 14 oz. pkg. karameller, uindpakket
- 1/3 c. kondenseret mælk
- 18-1/4 oz. pkg. Tysk chokoladekageblanding
- 1 c. hakkede nødder
- 3/4 c. smør, smeltet
- 1 til 2 c. halvsøde chokoladechips

Vejbeskrivelse

a) Smelt karameller med inddampet mælk i en dobbelt kedel. I en skål kombineres tør kageblanding, nødder og smør; rør indtil blandingen er samlet. Tryk halvdelen af dejen i en smurt og meldrysset 13"x9" bradepande.

b) Bages ved 350 grader i 6 minutter. Fjern fra ovnen; drys med chokoladechips og dryp med karamelblanding. Hæld den resterende dej over toppen.

c) Bages ved 350 grader i 15 til 18 minutter længere. Fedt nok; skåret i stænger. Gør 1-1/2 dusin.

56. Matcha grøn te fudge

Ingredienser:
- Brændt mandelsmør, 85 g
- Havremel, 60 g
- Usødet vanilje mandelmælk, 1 kop
- Proteinpulver, 168 g
- Mørk chokolade, 4 oz. smeltede
- Matcha grøn te pulver, 4 teskefulde
- Stevia ekstrakt, 1 tsk
- Citron, 10 dråber

Vejbeskrivelse

a) Smelt smør i en gryde og tilsæt havremel, tepulver, proteinpulver, citrondråber og stevia. Bland godt.

b) Hæld nu mælk og rør konstant, indtil det er godt blandet.

c) Kom blandingen over i en brødform og stil den på køl, indtil den stivner.

d) Dryp smeltet chokolade ovenpå og stil på køl igen, indtil chokoladen er fast.

e) Skær i 5 barer og nyd.

57. Honningkager Brownies

ingredienser
- 1-1/2 c. mel til alle formål
- 1 c. sukker
- 1/2 t. bagepulver
- 1/4 c. bagning af kakao
- 1 t. stødt ingefær
- 1 t. kanel
- 1/2 t. malede nelliker
- 1/4 c. smør, smeltet og let afkølet
- 1/3 c. melasse
- 2 æg, pisket
- Pynt: pulveriseret sukker

Vejbeskrivelse

a) I en stor skål kombineres mel, sukker, bagepulver, kakao og krydderier. I en separat skål kombineres smør, melasse og æg. Tilsæt smørblandingen til melblandingen under omrøring, indtil den netop er blandet.

b) Fordel dejen i en smurt 13"x9" bradepande. Bag ved 350 grader i 20 minutter, eller indtil en tandstikker testes ren, når den sættes i midten.

c) Afkøl i gryde på en rist. Drys med flormelis. Skær i firkanter. Gør 2 dusin.

COOKIES

58. Kringle og karamelkager

Gør omkring 2 dusin

ingredienser
- 1 pakke chokoladekagemix (almindelig størrelse)
- 1/2 kop smør, smeltet
- 2 store æg, stuetemperatur
- 1 kop knuste miniature kringler, delt
- 1 kop halvsød chokoladechips
- 2 spsk saltet karamel topping

Vejbeskrivelse
a) Forvarm ovnen til 350°. Kombiner kageblanding smeltet smør og æg; pisk indtil det er blandet. Rør 1/2 kop kringler, chokoladechips og karameltopping i.

b) Læg en afrundet spiseskefuld 2 tommer fra hinanden på smurte bageplader. Flad let med bunden af et glas; tryk de resterende kringler på toppen af hver. Bages i 8-10 minutter eller indtil de er sat.

c) Afkøl på pander i 2 minutter. Fjern til rist for at køle helt af.

59. Hamp Buckeye Cookie

Giver 12 portioner

ingredienser
- 1 pakke chokoladekagemix (almindelig størrelse)
- 2 store æg, stuetemperatur
- 1/2 kop olivenolie
- 1 kop halvsød chokoladechips
- 1 kop cremet jordnøddesmør
- 1/2 kop konditorsukker

Vejbeskrivelse
a) Forvarm ovnen til 350°.
b) I en stor skål kombineres kagemix, æg og olie, indtil det er blandet. Rør chokoladechips i. Tryk halvdelen af dejen til en 10-in. støbejern eller en anden ovnfast stegepande.
c) Kombiner jordnøddesmør og konditorsukker; fordeles over dejen i stegepande.
d) Pres den resterende dej mellem pergamentpladerne til en 10-in. cirkel; sted overfyldning.
e) Bages indtil en tandstik indsat i midten kommer ud med fugtige krummer, 20-25 minutter.

60. Kagemix cookies

Giver: 54 portioner

Ingrediens
- 1 pakke tysk chokoladekagemix; budding inkluderet
- 1 kop halvsøde chokoladechips
- $\frac{1}{2}$ kop havregryn
- $\frac{1}{2}$ kop rosiner
- $\frac{1}{2}$ kop olivenolie
- 2 æg; lidt slået

Vejbeskrivelse
a) Forvarm ovnen til 350 grader.
b) I en stor skål kombineres alle ingredienser; blandes godt. Drop dejen med en afrundet teskefuld med to tommer fra hinanden på usmurte bageplader.
c) Bages ved 350 grader i 8-10 minutter eller indtil stivnet. Afkøl 1 minut; fjern fra kageark.

61. Devil Crunch Cookies

Gør: 60 COOKIES

ingredienser

- 1 18,25-ounce chokoladekageblanding
- $\frac{1}{2}$ kop olivenolie
- 2 æg, let pisket
- $\frac{1}{2}$ kop hakkede pekannødder
- 5 almindelige mælkechokoladebarer, delt i firkanter
- $\frac{1}{2}$ kop sødet flaget kokosnød

Vejbeskrivelse

a) Forvarm ovnen til 350°F.

b) Kom kageblanding, olie og æg i en skål og bland helt. Vend forsigtigt pekannødder i dejen.

c) Hæld dejen i en skefuld på usmurte bageplader. Bages i 10 minutter. Fjern, når kagerne er sat, men stadig en smule bløde i midten.

d) Læg en firkant mælkechokolade på hver småkage. Når det smelter, fordeles det for at skabe et chokoladeovertræk på kagens top.

e) Overfør straks cookies til en rist og lad dem køle helt af.

62. Pecan Cookies

Gør: 24 COOKIES

ingredienser

- 1 kop smør pecan kage mix
- 1 kop chokoladekageblanding
- 2 æg, let pisket
- $\frac{1}{2}$ kop olivenolie
- 2 spsk vand

Vejbeskrivelse

a) Forvarm ovnen til 350°F.

b) Bland ingredienserne sammen og bland til en jævn dej.

c) Læg en skefuld på en usmurt bageplade. Bages i 15 minutter eller indtil de er gyldne og stivnede.

d) Lad afkøle på bagepapir i 5 minutter. Tag den ud på en rist for at køle helt af.

63. Brownies med flødeskum

gør; 48 COOKIES

ingredienser
- 1 18-ounce æske chokoladekageblanding
- 1 spsk kakaopulver
- 1 æg
- 1 kop pekannødder, hakkede
- ¼ kop sukker
- 4 ounce pisket topping

Vejbeskrivelse
a) Forvarm ovnen til 350°F.
b) Kombiner kagemix, kakaopulver og æg og bland godt. Fold forsigtigt pekannødder i dejen.
c) Beklæd dine hænder med sukker, og form derefter dejen til små kugler. Overtræk småkagekugler med sukker.
d) Placer på bagepapir, efterlader 2 inches mellem cookies.
e) Bages i 12 minutter eller indtil de er sat. Tag den ud af ovnen og flyt den over på en rist til afkøling. Top med pisket topping.

64.   Kageblanding Sandwich Cookies

Gør: 10

ingredienser

- 1 18,25-ounce æske chokoladekageblanding
- 1 æg, stuetemperatur
- $\frac{1}{2}$ kop smør
- 1 12-ounce balje vanilje frosting

Vejbeskrivelse

a) Forvarm ovnen til 350°F.

b) Dæk en bageplade med et lag bagepapir. Sæt til side.

c) Kombiner kageblanding, æg og smør i en stor røreskål. Brug en elektrisk røremaskine til at skabe en jævn, ensartet dej.

d) Rul småkagedej til 1" kugler og læg dem på en bageplade. Tryk hver kugle med en ske for at flade ud. Bag i 10 minutter.

e) Lad cookies køle helt af, før du lægger et lag frosting mellem to cookies.

65. Granola og chokolade cookies

Gør: 36 COOKIES

ingredienser
- 1 18,25-ounce chokoladekageblanding
- ¾ kop smør. blødgjort
- ½ kop pakket brun farin
- 2 æg
- 1 kop granola
- 1 kop hvide chokoladechips
- 1 kop tørrede kirsebær

Vejbeskrivelse
a) Forvarm ovnen til 375°F.
b) Kombiner kageblanding, smør, brun farin og æg i en stor skål og pisk, indtil dejen er dannet.
c) Rør granola og hvid chokoladechips i. Kig forbi en teskefuld med cirka 2 inches fra hinanden på usmurte kageplader.
d) Bag i 10-12 minutter, eller indtil kagerne er let gyldenbrune rundt om kanterne.
e) Afkøl på bageplader i 3 minutter, og tag dem derefter ud på en rist.

66.   Sukkerkager

Gør: 48 COOKIES

ingredienser
- 1 18,25-ounce hvid chokoladekageblanding
- ¾ kop smør
- 2 æggehvider
- 2 spsk let creme

Vejbeskrivelse
a) Placer kageblandingen i en stor skål. Brug en konditorblender eller to gafler og skær smør i, indtil partiklerne er fine.
b) Blend æggehvider og fløde til det er blandet. Form dejen til en kugle og dæk den.
c) Afkøl i mindst to timer og op til 8 timer i køleskabet.
d) Forvarm ovnen til 375°F.
e) Rul dejen til 1" kugler og læg dem på usmurte bageplader. Flad til ¼" tykkelse med bunden af et glas.
f) Bag i 7-10 minutter, eller indtil kagekanterne er lysebrune.
g) Afkøl på bageplader i 2 minutter, og tag dem derefter ud på rist for at køle helt af.

67. Tyske cookies

Gør: 4 dusin småkager

ingredienser

- 1 18,25-ounce æske tysk chokoladekageblanding
- 1 kop halvsød chokoladechips
- 1 kop havregryn
- $\frac{1}{2}$ kop olivenolie
- 2 æg, let pisket
- $\frac{1}{2}$ kop rosiner
- 1 tsk vanilje

Vejbeskrivelse

a) Forvarm ovnen til 350°F.
b) Kombiner alle ingredienser. Bland godt med en elektrisk mixer indstillet til lav hastighed. Hvis der udvikler sig melede krummer, tilsæt en dråbe vand.
c) Drop dejen for skefuld på en usmurt bageplade.
d) Bages i 10 minutter.
e) Afkøl helt, inden du løfter småkagerne af pladen og over på et serveringsfad.

68.   Anisette Cookies

Portioner: 36

ingredienser:
- 1 kop sukker
- 1 kop smør
- 3 kopper mel
- ½ kop mælk
- 2 sammenpisket æg
- 1 spsk bagepulver
- 1 spsk mandelekstrakt
- 2 tsk anisette likør
- 1 kop konditorsukker

Vejbeskrivelse:
a) Forvarm ovnen til 375 grader Fahrenheit.
b) Pisk sukker og smør sammen til det er lyst og luftigt.
c) Tilsæt mel, mælk, æg, bagepulver og mandelekstrakt gradvist.
d) Ælt dejen til den bliver klistret.
e) Lav små bolde ud af 1-tommer lange stykker dej.
f) Forvarm ovnen til 350°F og smør en bageplade. Læg kuglerne på bagepladen.
g) Forvarm ovnen til 350°F og bag kagerne i 8 minutter.
h) Kombiner anisette-likøren, konditorsukker og 2 spsk varmt vand i en røreskål.
i) Dyp til sidst kagerne i glasuren, mens de stadig er lune.

69.   Chokoladesmåkager

Portioner: 12 småkager

Ingredienser:

- $\frac{1}{2}$ kop smør
- ⅓kop flødeost
- 1 pisket æg
- 1 tsk vaniljeekstrakt
- ⅓kop erythritol
- $\frac{1}{2}$ kop kokosmel
- ⅓kop sukkerfri chokoladechips

Rutevejledning:

a) Forvarm airfryeren til 350°F. Beklæd airfryer-kurven med bagepapir og læg kagerne indeni

b) Bland smør og flødeost i en skål. Tilsæt erythritol og vaniljeekstrakt og pisk til det er luftigt. Tilsæt ægget og pisk indtil det er inkorporeret. Bland kokosmel og chokoladechips i. Lad dejen hvile i 10 minutter.

c) Tag omkring 1 spsk dej ud og form kagerne.

d) Læg cookies i airfryer-kurven og kog i 6 minutter.

70.   Søde grønne småkager

Ingredienser:
- 165 g grønne ærter.
- 80 g hakkede Medrol dadler.
- 60 g silketofu, moset.
- 100 g mandelmel.
- 1 tsk bagepulver.
- 12 mandler.

Rutevejledning:
a) Forvarm ovnen til 180°C/350°F.
b) Kom ærter og dadler i en foodprocessor.
c) Behandl indtil den tykke pasta er dannet.
d) Overfør ærteblandingen i en skål. Rør tofu, mandelmel og bagepulver i. Form blandingen til 12 kugler.
e) Arranger kuglerne på en bageplade beklædt med bagepapir. Flad hver kugle med olieret håndflade.
f) Kom en mandel i hver småkage. Bag kagerne i 25-30 minutter eller indtil de er forsigtigt gyldne.
g) Afkøl på en rist inden servering.

71. Chokolade chunk cookies

Ingredienser:
- 2 kopper glutenfrit universalmel.
- 1 tsk bagepulver.
- 1 tsk havsalt.
- 1/4 kop vegansk yoghurt.
- 7 spsk vegansk smør.
- 3 spsk cashew smør
- 1 1/4 kop kokossukker.
- 2 chiaæg.
- Mørk chokoladebar, indbruds portioner.

Rutevejledning:
a) Forvarm ovnen til 375 ° F
b) I en mellemstor røreskål blandes glutenfrit mel, salt og bagepulver. Stil til side, mens du smelter smørret.
c) Kom smør, yoghurt, cashewsmør, kokossukker i en skål, og brug et rørebord eller en håndmixer til at blende i et par minutter, indtil det er blandet.
d) Medtag chiaæggene og bland godt.
e) Inkluder melet til chiaægblandingen og blend på lavt indtil den er integreret.
f) Fold chokoladestykkerne i.
g) Stil dejen i køleskabet for at hærde i 30 minutter.
h) Fjern dejen fra køleskabet og lad den komme ned til stuetemperatur, cirka 10 minutter, og beklæd en bageplade med bagepapir.
i) Brug dine hænder til at øse 1 1/2 spsk størrelse kagedej ud på bagepapiret. Efterlad lidt plads mellem hver cookie.
j) Bag cookies i 9-11 minutter. Glæd dig!

72. Oste forret cookies

Udbytte: 1 Portion

Ingrediens
- 4 ounce (1 kop) revet skarp cheddarost.
- $\frac{1}{2}$ kop mayonnaise eller smør blødgjort
- 1 kop universalmel
- $\frac{1}{2}$ tsk salt
- 1 skvæt stødt rød peber

Rutevejledning:
a) Hæld let mel i målebægeret; flade ud.
b) I en moderat skål blandes ost, margarine, mel, salt og rød peber. Bland grundigt og dæk til og stil på køl i 1 time.
c) Form dejen til 1 tomme kugler.
d) Placer 2 tommer fra hinanden på usmurt bageplade. Flad med gaffeltænder eller brug overfladen af kødmørner dyppet i mel.
e) Hvis det ønskes, drys let med paprika.
f) Grill i 10 til 12 minutter

73.   Mandelsukker cookies

Udbytte: 32 småkager

Ingrediens
- 5 spiseskefulde Margarine (75 g)
- 1½ spsk Fructose
- 1 spsk Æggehvide (15 ml)
- ¼ teskefuld mandel-, vanilje- eller citronekstrakt (1,25 ml)
- 1 kop ubleget mel (125 g)
- ⅛ teskefuld Bagepulver (0,6 ml)
- 1 knivspids fløde tatar
- 32 mandelskiver

Vejbeskrivelse
a) Forvarm ovnen til 350F (180C). Kombiner margarine og fructose i en mellemstor skål, pisk indtil let og luftigt. Bland æggehvide og mandelekstrakt i. Rør gradvist mel, bagepulver og fløde af tatar i; bland godt. Form til ½-tommer (1½ cm) kugler. Placer på en nonstick-bageplade.

b) Top hver cookie med en mandelskive. Bages i 8 til 10 minutter, indtil de er let brunede. Overfør til pergament eller vokspapir til afkøling.

74.   Sukkerkager

Gør: 48 COOKIES

ingredienser

- 1 18,25-ounce hvid chokoladekageblanding
- $\frac{3}{4}$ kop smør
- 2 æggehvider
- 2 spsk let creme

Vejbeskrivelse

a) Placer kageblandingen i en stor skål. Brug en konditorblender eller to gafler og skær smør i, indtil partiklerne er fine.

b) Blend æggehvider og fløde til det er blandet. Form dejen til en kugle og dæk den.

c) Afkøl i mindst to timer og op til 8 timer i køleskabet.

d) Forvarm ovnen til 375°F.

e) Rul dejen til 1" kugler og læg dem på usmurte bageplader. Flad til $\frac{1}{4}$" tykkelse med bunden af et glas.

f) Bag i 7-10 minutter, eller indtil kagekanterne er lysebrune.

g) Afkøl på bageplader i 2 minutter, og tag dem derefter ud på rist for at køle helt af.

75.   Sukkersmåkager med smørcremefrosting

UDBYTTE: 5 DESIN
ingredienser
Cookie:
- 1 kop smør
- 1 kop hvidt sukker
- 2 æg
- 1/2 tsk vaniljeekstrakt
- 31/4 kopper universalmel
- 1/2 tsk bagepulver
- 1/2 tsk natron
- 1/2 tsk salt

Smørcreme frosting:
- 1/2 kop afkortning
- 1 pund konditorsukker
- 5 spsk vand
- 1/4 tsk salt
- 1/2 tsk vaniljeekstrakt
- 1/4 tsk ekstrakt med smørsmag

Vejbeskrivelse
a) I en stor skål blandes smør, sukker, æg og vanilje sammen med en elektrisk mixer, indtil det er let og luftigt. Kombiner mel, bagepulver, bagepulver og salt; rør gradvist melblandingen i smørblandingen, indtil det er godt blandet med en robust ske. Afkøl dejen i 2 timer.

b) Forvarm ovnen til 400°F (200°C). På en let meldrysset overflade rulles dejen ud til 1/4-tommers tykkelse. Skær i de ønskede former ved hjælp af udstikkere. Placer cookies 2 inches fra hinanden på usmurte kageplader.

c) Bages i 4 til 6 minutter i den forvarmede ovn. Fjern cookies fra panden og afkøl på rist.

d) Brug en elektrisk mixer til at piske fedtstof, konditorsukker, vand, salt, vaniljeekstrakt og smørsmag indtil luftigt. Frost cookies, når de er kølet helt af.

76.   Mandel mursten sukker cookies

Udbytte: 1 portioner

Ingrediens

- 2¼ kop universalmel
- 1 kop sukker
- 1 kop smør
- 1 æg
- 1 tsk bagepulver
- 1 tsk vanilje
- 6 ounce mandel mursten bits

Vejbeskrivelse

a) Forvarm ovnen til 350F. Smør kageplader. I en stor røreskål kombineres mel, sukker, smør, æg, bagepulver og vanilje. Pisk ved medium hastighed, skrab skålen ofte, indtil den er godt blandet, 2 til 3 minutter. Rør mandel mursten bits i.

b) Form afrundede spiseskefulde af dejen til 1 tomme kugler. Placer 2 tommer fra hinanden på forberedte bageplader. Flad cookies til ¼ tomme tykkelse med bunden af smurt glas dyppet i sukker.

c) Bages 8 til 11 minutter, eller indtil kanterne er meget let brunede. Fjern straks.

77. Amish sukker cookies

Udbytte: 24 portioner

Ingrediens
- $\frac{1}{2}$ kop sukker;
- $\frac{1}{3}$ kop pulveriseret sukker;
- $\frac{1}{4}$ kop Margarine; (1/2 pind)
- $\frac{1}{3}$ kop vegetabilsk olie
- 1 æg; (stor)
- 1 tsk vanilje
- 1 tsk citron eller mandelsmag
- 2 spsk vand
- $2\frac{1}{4}$ kop universalmel
- $\frac{1}{2}$ tsk bagepulver
- $\frac{1}{2}$ tsk Fløde af tatar;
- $\frac{1}{2}$ tsk salt

Vejbeskrivelse
a) Kom sukker, margarine og olie i en røreskål og bland ved medium hastighed, indtil det er cremet. Tilsæt æg, vanilje, smag og vand, og bland ved medium hastighed i 30 sekunder, skrab skålen ned før og efter tilsætning af disse ingredienser. Rør de resterende ingredienser sammen for at blande godt; tilsæt til cremet blanding og bland ved medium hastighed for at blande. Form dejen til 24 kugler med 1 spsk dej pr. kugle.

b) Placer kugler på kageplader, der er sprayet med pandespray eller beklædt med aluminiumsfolie. Tryk kugler jævnt ned til $\frac{1}{2}$' med bagsiden af en spiseske dyppet i vand. Bages ved 375°C i 12 til 14 minutter, eller indtil cookies er brunede i bunden og let brunede rundt om kanterne. Fjern cookies på en rist og afkøl til stuetemperatur.

78.   Grundlæggende spæksukkerkager

Udbytte: 1 portioner

Ingrediens

- ¾ kop svinefedt
- ¾ kop pakket brun farin
- 1 hvert æg
- 1 tsk vanilje
- 1 tsk bagepulver
- 2 kopper Mel

Vejbeskrivelse

a) Pisk spæk, sukker og æg sammen, til det er cremet og godt blandet.

b) Rør vaniljen i, og tilsæt bagepulver og mel til en dej er dannet.

c) Form dejen til kugler på cirka 1 tomme i diameter, og læg dem på en bageplade.

d) Flad kuglerne lidt ud med fingrene for at lave en rund småkage.

e) Bages i en forvarmet 350° ovn, indtil kanterne er pænt brune. Fjern og lad afkøle.

79.   Kanel sukker cookies

Udbytte: 48 Portioner

Ingrediens
- 2½ kop mel
- ½ kop smør
- 2½ tsk bagepulver
- ¾ kop sukker
- ¼ tsk salt
- 1 æg; slået
- ⅛ teskefuld kanel
- ½ kop kærnemælk
- Sukkerblanding
- ½ kop sukker
- 1 tsk kanel

Vejbeskrivelse
a) Bland mel med bagepulver, salt og ⅛ tsk kanel. I en anden skål, flødefett og sukker, indtil det er let og luftigt.
b) Tilsæt æg og pisk godt. Rør ⅓af melet i, tilsæt derefter mælk og det resterende mel, bland mellem hver tilsætning.
c) Tilsæt ikke mere mel, det vil lave en blød dej, der ikke bliver klistret efter den er afkølet. Stil dejen på køl i et par timer, indtil den er helt afkølet.
d) Tag spiseskefulde af dejen og form forsigtigt til kugler. Rul dejkuglerne i kanel/sukkerblandingen og flad dem derefter og læg dem på en smurt bageplade og bag dem ved 375 grader i cirka 12 minutter.
e) Småkagerne skal være let brunede.

80.   Knækkede sukkerkager

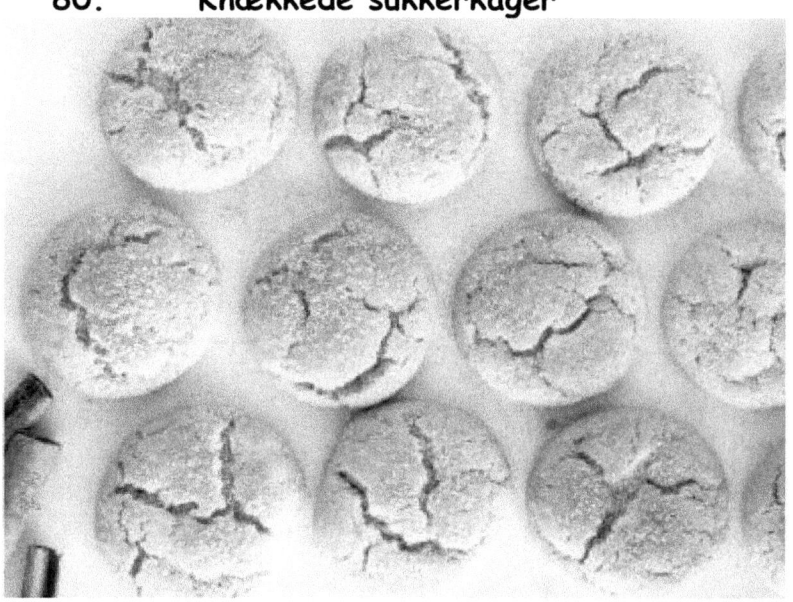

Udbytte: 48 Portioner

Ingrediens

- $1\frac{1}{4}$ kop sukker
- 1 kop smør, blødgjort
- 3 store æggeblommer, pisket
- 1 tsk vaniljeekstrakt
- $2\frac{1}{2}$ kop sigtet universalmel
- 1 tsk bagepulver
- $\frac{1}{2}$ tsk Fløde af tatar

Vejbeskrivelse

a) Forvarm ovnen til 350 grader. Smør to kageplader let. Fløde sukker og smør sammen til det er lyst. Pisk blommer og vanilje i.

b) Sigt det afmålte sigtede mel, bagepulver og fløde af tatar sammen, og vend det derefter ind i smørsukkerblandingen.

c) Form dejen til kugler i valnøddestørrelse. Placer 2" fra hinanden på kagepladerne. Må ikke flades ud. Bages i cirka 11 minutter, indtil toppene er revnede og lige har fået farve. Afkøl på rist. Gør 4 dusin.

81.   Pekansukker cookies

Udbytte: 1 portioner

Ingrediens
- 1¼ kop sukker, lysebrunt vand
- 3 spiseskefulde honning
- 1 æg
- 2⅓kop mel
- 1 kop pekannødder, groft malet
- 2½ spsk kanel
- 1 spsk bagepulver
- 1 spsk Allehånde

Vejbeskrivelse
a) I røreskålen kombineres brun farin, vand, honning og æg. Pisk ca. 10 sekunder med mixer.
b) I en separat skål kombineres mel, pekannødder, kanel, allehånde og bagepulver, bagepulver, bland godt.
c) Tilsæt til våde ingredienser og rør rundt. Drop dejen ved en teskefuld på en smurt bageplade. Bages ved 375 grader i 12 minutter.
d) Gør omkring 3 dusin cookies. Lad køle godt af inden opbevaring.

CUPCAKES OG MUFFINS

82. Lemony Cake Mix Cupcakes

Gør 2 dusin

ingredienser
- 1 pakke hvid chokoladekagemix
- 1/4 kop lemon curd
- 3 spsk citronsaft
- 3 tsk revet citronskal
- 1/2 kop smør, blødgjort
- 3-1/2 kopper konditorsukker
- 1/4 kop jordbærsyltetøj uden frø
- 2 spsk 2% mælk

Vejbeskrivelse
a) Beklæd 24 muffinskopper med papirliner.
b) Tilbered kageblandingsdejen i henhold til pakkens anvisninger, reducer vandet med 4 spiseskefulde og tilsæt lemon curd, citronsaft, citronskal, før du blander dejen.
c) Fyld forberedte kopper omkring to tredjedele op.
d) Bag og afkøl cupcakes som anvist.
e) Pisk smør, konditorsukker, marmelade og mælk i en stor skål, indtil det er glat. Frost afkølede cupcakes.

83. Chokolade karamel cupcakes

Gør 2 dusin

ingredienser
- 1 pakke chokoladekagemix
- 3 spsk smør
- 24 karameller
- 3/4 kop halvsød chokoladechips
- 1 kop hakkede valnødder
- Yderligere valnødder

Vejbeskrivelse
a) Forbered kageblandingsdejen i henhold til pakkens anvisninger til cupcakes ved hjælp af smør.
b) Fyld 24 papirbeklædte muffinkopper med en tredjedel; sæt den resterende dej til side. Bag ved 350° i 7-8 minutter eller indtil toppen af cupcaken ser ud til at være sat.
c) Tryk forsigtigt en karamel ind i hver cupcake; drys med chokoladechips og valnødder. Top med den resterende dej.
d) Bag 15-20 minutter længere, eller indtil en tandstik kommer ren ud.
e) Afkøl i 5 minutter, før du fjerner dem fra pander til rist for at køle helt af.

84. Mud Pie Cupcakes

Mærker: 24

ingredienser
- 1 18,25-ounce æske chokoladekageblanding plus ingredienser, der kræves på æsken
- 3 spsk smør
- 1 16-ounce kar chokolade frosting
- 2 kopper smuldret chokolade sandwich cookies
- Chokoladesirup til pynt
- 1 8-ounce pakke gummiorm

Vejbeskrivelse
a) Forbered og bag cupcakes efter kageblandingsvejledningen.
b) Lad cupcakes køle helt af inden frosting.
c) Top frosting med småkagecrumbles og dryp med chokoladesirup.
d) Halver gummiagtige orme. Placer hver afskårne kant i frosting for at skabe en illusion af en orm, der glider i mudder.

85. Kagemix græskarmuffins

Mærker: 24

ingredienser
- 1 29-ounce dåse græskarpuré
- 1 16,4-ounce æske chokoladekageblanding
- 3 spsk olie

Vejbeskrivelse
a) Forvarm ovnen efter kageblandingsinstruktionerne ved hjælp af olie.
b) Beklæd muffinsforme med papirbageforme.
c) Blend græskarpuré til en kageblanding. Hæld i muffinsforme.
d) Bages efter kageblandingsvejledningen til muffins.

86. Kagemix Praline Cupcakes

Gør: 24 cupcakes

ingredienser
- 1 18,25-ounce æske chokoladekageblanding
- 1 kop kærnemælk
- ¼ kop olivenolie
- 4 æg
- Karamelis topping
- Hakkede pekannødder til pynt
- 72 praliner

Vejbeskrivelse
a) Forvarm ovnen til 350°F. Beklæd en muffinform med bagepapir.
b) Kombiner kageblanding, kærnemælk, olie og æg i en stor røreskål og pisk med en elektrisk røremaskine indstillet til lav hastighed, indtil der dannes en jævn dej. Fyld bagebægre halvvejs.
c) Bages i 15 minutter eller indtil toppene er gyldne. Tag cupcakes ud af ovnen og lad dem køle helt af, før du tilføjer toppings.
d) Top cupcakes med karamel topping; drys med pekannødder og pynt med 3 praliner pr. cupcake.

87. Piña Colada Cupcakes

Gør: 24 cupcakes

ingredienser
- 1 18,25-ounce æske med hvid chokoladekageblanding
- 1 3,9-ounce box instant fransk vaniljepuddingblanding
- $\frac{1}{4}$ kop olivenolie
- $\frac{1}{2}$ kop vand
- 2/3 kop lys rom, delt
- 4 æg
- 1 14-ounce dåse plus 1 kop knust ananas
- 1 kop sødet, flaget kokosnød
- 1 16-ounce balje vanilje frosting
- 1 12-ounce kar ikke-mejeri pisket topping
- Ristet kokos til pynt
- Cocktail parasoller

Vejbeskrivelse
a) Forvarm ovnen til 350°F.
b) Bland kageblanding, buddingblanding, olie, vand og 1/3 kop rom ved hjælp af en elektrisk mixer på medium hastighed. Tilsæt æg et ad gangen, pisk langsomt dejen undervejs.
c) Fold dåsen med ananas og kokos i. Hæld i pander og bag i 25 minutter.
d) For at lave frostingen, bland 1 kop knust ananas, resterende 1/3 kop rom og vaniljefrosting, indtil den er tyk.
e) Tilføj ikke-mejeri pisket topping.
f) Frost helt afkølede cupcakes og pynt med ristet kokos og en parasol.

88.   Cherry Cola mini kager

Mærker: 24

ingredienser
- 2 æg
- 1 tsk vanilje
- 1 18,25-ounce æske med hvid chokoladekageblanding
- 1 ¼ kop cola med kirsebærsmag
- 1 12-ounce balje færdiglavet frosting efter eget valg

Vejbeskrivelse
a) Forvarm ovnen til 350°F.
b) Beklæd en muffinform med bagepapir. Spray let med madlavningsspray.
c) Kom æg, vanilje, kagemix og cherry cola i en røreskål og bland godt med en elektrisk røremaskine.
d) Bages i 20 minutter.
e) Fuldstændig fede cupcakes

89. Red Velvet Cupcakes

Gør: 24 cupcakes

ingredienser
- 2 æggehvider
- 2 kopper rød fløjls kagemix
- 1 kop chokoladekageblanding
- 1 12-ounce pose chokoladechips
- 1 12-ounce dåse citron-lime sodavand
- 1 12-ounce balje klar til at smøre creme fraiche frosting

Vejbeskrivelse
a) Forvarm ovnen til 350°F. Beklæd en muffinform med bagepapir.
b) Kombiner æggehvider, begge kageblandinger, chokoladechips og sodavand i en stor røreskål. Bland godt, indtil der dannes en jævn dej. Hæld dejen i bageformene.
c) Bages i 20 minutter.
d) Lad cupcakes køle af inden frosting.

90. Æbletærte-cupcakes

Mærker: 24

ingredienser
- 1 18,25-ounce hvid chokoladekageblanding
- $\frac{1}{4}$ kop vand
- $\frac{1}{4}$ kop kokosolie
- 1 æg
- 2 spiseskefulde tilberedt græskartærte-krydderiblanding
- 1 15-ounce dåse æbletærtefyld
- 1 12-ounce badekar flødeost frosting

Vejbeskrivelse
a) Forvarm ovnen til 350°F. Beklæd en muffinform med bagepapir.
b) Bland kageblanding, vand, kokosolie, æg og krydderiblanding med en elektrisk røremaskine, indtil der dannes en jævn dej.
c) Fold tærtefyldet i. Fyld bagebægre halvvejs. Bages i 23 minutter.
d) Lad cupcakes køle af på en rist før frosting.

91. Muse-cupcakes

Gør: 24 cupcakes

ingredienser

- 1 18,25-ounce æske chokoladekageblanding plus ingredienser, der kræves på æsken
- 1/2 kop olie
- 24 små runde chokolademyntekager, halveret
- 1 12,6-ounce pose rund slik-overtrukket chokolade
- Tynde strenge af sort lakrids
- 24 kugler chokoladeis

Vejbeskrivelse

a) Forvarm ovnen til 375°F. Beklæd en muffinform med bagepapir.

b) Forbered dejen og bag den i henhold til instruktionerne for kageblandingen til cupcakes med olivenolie.

c) Tag cupcakes ud af ovnen og lad dem køle helt af.

d) Fjern cupcakes fra papirkopper.

e) Brug halverede runde småkager til ører, slik til øjne og næse og lakrids til knurhår, dekorer cupcakes, så de ligner mus. Læg på en bageplade og frys.

92. Kirsch Chokolade Muffins

Gør: 6-8

Ingredienser:
- 1/2 tsk. bagepulver
- 1/2 kop smør
- ½ kop groft skåret mørk chokolade
- 3/4 kop brun farin
- 1/4 kop enten usødet kakaopulver
- 3/4 kop mælk
- 1 1/4 kopper selvhævende mel
- 2 æg
- 15 ounce mørke kirsebær i sirup
- 1 spiseskefuld kakao
- Ekstra 1 tsk. glasursukker

Vejbeskrivelse
a) Indstil ovnen til 350°F. Forbered en 12-hullers muffinbakke med foringer. Pisk smør og sukker sammen, tilsæt et enkelt æg ad gangen.
b) Tag bagepulver, kakao og mel og sigt sammen med smørblandingen fra før.
c) Afslut med at blande med mælk, chokolade og sammen med smørblandingen fra før.
d) Afslut ved at kombinere med mælk, chokolade og 25 minutter. Et tegn på, at cupcakes er færdige, er ved at lave den rene tandstikkertest.
e) Når den er kogt, sætter du den væk fra varmen og lader den køle af, mens glasuren laves. Frost og nyd det!

93. Gulerodsmuffins

Gør: 10-12

Ingredienser:
- 1¾ kopper mel
- 1 tsk salt
- 1 tsk kanel
- 1 tsk malet ingefær
- ½ tsk revet muskatnød
- ¼ teskefuld bagepulver
- ⅛ teskefuld bagepulver
- 1 kop ahornsirup
- ½ kop fast kokosolie smeltet
- ½ kop mælk
- 1 spsk frisk citronsaft
- 1 tsk vaniljeekstrakt
- 2 kopper revet gulerod
- ½ kop stødt ananas, drænet
- ½ kop hver rosin, kokos og pekannødder

Vejbeskrivelse
a) Forvarm ovnen til 350°F. Beklæd to 12-kopps muffinforme med muffinpapir eller fedt og mel formene.
b) I en stor skål kombineres mel, salt, kanel, ingefær, muskatnød, bagepulver og bagepulver.
c) I en separat skål kombineres ahornsirup, kokosolie, mælk, citronsaft og vanilje.
d) Kombiner både de våde og tørre ingredienser og fold det forsigtigt sammen, indtil det lige er blandet
e) Vend gulerødder, ananas, rosiner, kokos og pekannødder i.
f) Fyld de forberedte muffinsforme to tredjedele op. Lad kagen bage i cirka 25 minutter.
g) Lad dem køle lidt af inden servering.

94. Rom Rosin Cupcakes

Ingredienser:

Rom Rosiner
- $\frac{1}{4}$ kop mørk rom
- $\frac{1}{2}$ kop gylden rosin

Cupcakes
- 1 kop universalmel
- $1\frac{1}{4}$ tsk bagepulver
- $\frac{1}{4}$ tsk stødt kanel
- $\frac{1}{8}$ teskefuld malet allehånde
- $\frac{1}{8}$ tsk frisk revet muskatnød
- $\frac{1}{2}$ kop smør, let blødgjort
- 2 spsk usaltet smør, let blødgjort
- $\frac{3}{4}$ kop lys brun farin
- 3 store æg
- 1 spsk ren vaniljeekstrakt
- $\frac{1}{4}$ teskefuld ren romekstrakt

Sød flødefrosting
- $\frac{1}{4}$ kop usaltet smør
- $\frac{1}{2}$ kop tung fløde
- 2 kopper pulveriseret sukker, sigtet
- $\frac{1}{8}$ teskefuld salt

Vejbeskrivelse
a) Tilbered romrosinerne: I en lille gryde varmes rommen op ved svag varme.
b) Blend rosinerne i og sæt dem væk fra varmen.
c) Kom blandingen i en skål, og dæk den derefter med en wrap og lad den sidde ved stuetemperatur i mindst 6 timer eller natten over.
d) Tilbered cupcakes: Bring temperaturen i din ovn til 180c
e) Læg papirliner i muffinformen. I en mellemstor skål røres mel, bagepulver, kanel, allehånde og muskatnød sammen.

f) Sæt til side. Pisk smør, almindeligt smør og brun farin i en stor skål ved hjælp af en elektrisk røremaskine ved middel til høj hastighed, indtil du kan se, at det bliver let og skyagtigt, tilsæt gradvist æg og pisk godt efter hver tilsætning.

g) Pisk vanilje- og romekstrakterne i. Reducer hastighedsmikseren til lav, tilsæt melblandingen og bland, indtil det er lige blandet.

h) Vend romrosiner og eventuelt resterende væske i. Hæld cupcakedejen op i gryden.

i) Bag den i cirka 20 til 25 minutter, eller indtil den er gyldenbrun og en tandstik indsat i midten af en cupcake kommer ren ud.

j) Lad afkøle i formen i 5 minutter, og flyt derefter over på en rist for at køle helt af. Cupcakes uden frosting kan opbevares i op til 3 måneder.

k) Forbered den søde flødefrosting:

l) I en mellemstor skål med en elektrisk mixer piskes smørret på medium hastighed, indtil det er cremet.

m) Sænk hastigheden til medium og tilsæt fløden og 1 kop pulveriseret sukker; pisk indtil det er godt blandet. Tilsæt langsomt den resterende 1 kop sukker og salt.

n) Kom frostingen i en sprøjtepose udstyret med spidsen efter eget valg, og frost cupcakesene, eller frost dem blot med en smørkniv eller en lille offset spatel.

o) Opbevar de frostede cupcakes i en lufttæt beholder i køleskabet i op til 1 uge.

95.   Varme chokolade cupcakes

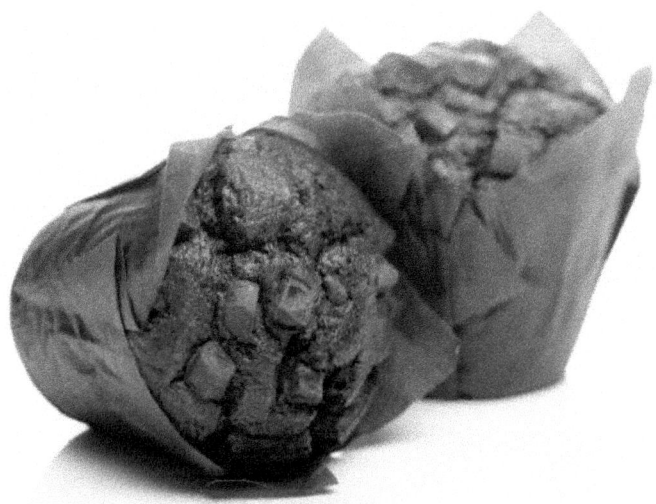

Gør: 2-4

Ingredienser:
- ½ kop universalmel
- 1 tsk. Bagepulver
- Knib Salt
- 1/3 kop kakao
- ½-1 t varm rød peberflager
- 2 spsk olie
- Små ½ kop mælk
- ½ teskefulde. Vanilje
- ¼ teskefulde. Æble cider eddike
- ¼ kop sukker

Vejbeskrivelse
a) Forvarm ovnen til 365°. Bland mel, bagepulver, salt og sukker. Pisk! Tilsæt våde ingredienser og pisk til det er helt glat.
b) Fyld 4-5 cupcake liners 2/3 op.
c) Bag i 20 minutter, eller indtil en tandstik kommer ren ud.
d) Lad køle helt af før frosting.

96. Banan Crumble Muffins

Gør: 8-10

ingredienser
- $1\frac{1}{2}$ dl mel
- 1/3 kop smør
- 3 mosede bananer
- 3/4 kop rørsukker
- 1/3 kop pakket brun farin
- 1 tsk. bagepulver
- 1 tsk. bagepulver
- 1/2 tsk. bordsalt
- 1 æg
- 2 spiseskefulde mel
- 1 spsk smør
- 1/8 tsk. stødt kanel

Rutevejledning:
a) Bring varmen i din ovn til 350 f. og smør let en 10-kops muffinbakke. Tag en stor røreskål ud og bland de 1,5 kopper mel, bagepulver, bagepulver og salt.

b) Bland de mosede bananer, æg, rørsukker og 1/3 kop smeltet smør i en separat skål.

c) Rør denne blanding i den første blanding, indtil den netop er blandet. Fordel denne dej jævnt i de smurte eller smurte muffinforme.

d) I en anden skål kombineres brun farin, kanel og 2 spsk mel. Skær i 1 spsk smør.

e) Drys denne blanding over muffindejen i bakkerne. Bages 18 - 20 minutter; lad køle af på en rist og nyd.

97. Citron kokos muffins

Gør: 8-10

Ingredienser:

- 1 1/4 kop mandelmel
- 1 kop strimlet usødet kokosnød
- 2 spsk kokosmel
- 1/2 tsk. bagepulver
- 1/2 tsk. bagepulver
- 1/4 tsk. salt
- 1/4 kop honning (rå)
- Saft og skal fra 1 citron
- 1/4 kop fuldfed kokosmælk
- 3 æg, pisket
- 3 spiseskefulde kokosolie
- 1 tsk. vanille ekstrakt

Rutevejledning:

a) Bring varmen i din ovn til 350 f. I en lille skål blandes alle de våde ingredienser. I en mellemstor skål kombineres alle de tørre ingredienser. Hæld nu de våde ingredienser i skålen med tørre ingredienser og rør til en dej.

b) Lad din dej sidde i et par minutter og rør den igen. Smør nu en muffinform og fyld hver ca. to tredjedele af vejen. Sæt den i ovnen og bag den i cirka 20 minutter.

c) Test muffinsens færdighed ved at stikke en tandstik i midten, og hvis den kommer ren ud, betyder det, at du er klar til at gå. Tag ud af ovnen, lad afkøle i et koldt minut og server!

98. French Toast Cupcakes

Gør: 12

Ingredienser:

Topping
- $\frac{1}{4}$ kop universalmel
- $\frac{1}{4}$ kop sukker
- $2\frac{1}{2}$ spsk usaltet smør, skåret i $\frac{1}{2}$-tommers stykker
- $\frac{1}{2}$ tsk stødt kanel
- $\frac{1}{4}$ kop hakkede pekannødder

Cupcakes
- $1\frac{1}{2}$ kop universalmel
- 1 kop sukker
- $1\frac{1}{2}$ tsk bagepulver
- 1 tsk stødt kanel
- $\frac{1}{2}$ tsk stødt allehånde
- $\frac{1}{4}$ tsk frisk revet muskatnød
- $\frac{1}{2}$ tsk salt
- $\frac{1}{2}$ kop smør let blødgjort
- $\frac{1}{2}$ kop creme fraiche
- 2 store æg
- $\frac{1}{2}$ tsk ahornekstrakt
- 4 skiver bacon

Vejbeskrivelse
a) Først skal toppingen forberedes. I en mellemstor skål blandes sukker, mel, kanel, valnødder og smør i.
b) Brug fingrene til at blende smørret i, indtil der ikke er stykker større end en lille ært. Dæk til og stil på køl indtil klar til brug.
c) Sæt cupcakes op: Forvarm dit komfur til 350°F. Beklæd en 12-kopps kikseform med papirliner. I en enorm skål piskes mel, sukker, tilberedningspulver, kanel, allehånde, muskatnød og salt sammen. Sæt et sikkert sted.

d) I en stor skål ved hjælp af en elektrisk blender piskes smør, fløde, æg og ahornsirup sammen ved medium hastighed, indtil blandingen er blandet godt.

e) Sænk blenderhastigheden til lav og inkluder melblandingen. Pisk indtil det simpelthen er konsolideret. Fyld hver brønd i kikseformen 2/3 fuld, bag den i omkring 20 til 25 minutter, eller indtil en tandstik, der er indlejret i omdrejningspunktet på en cupcake, fortæller sandheden.

f) Mens cupcakesene varmer, koges baconen, som du gerne vil have den lavet. Flyt til et køkkenrulle for at dryppe overskydende olie og lad afkøle. Cupcakes skal køles af i formen i ca. 15 minutter. På det tidspunkt flyttes til en rist for at køle helt af.

g) Skær baconen i 12 stykker og tryk et stykke ind i toppen af hver muffin.

h) Til opbevaring af muffins i fryseren skal du lukke det tæt, og det kan holde sig op til 3 måneder, bare udelad bacon. Genopvarm i toasterovnen for ekstra lækkerhed.

99. Hummingbird Cupcakes

Gør: 12

Ingredienser:

- 2 store modne bananer, mosede
- 1 kop universal
- 1/2 tsk. bagepulver
- 1/3 kop ananas (knust (må ikke drænes)
- 1/2 tsk. bagepulver
- 1/2 tsk. stødt kanel
- 1/4 tsk. salt
- ½ kop smør, ved stuetemperatur
- 1/2 kop sukker
- 2 store æg
- 1 tsk. ren vaniljeekstrakt
- 1/2 kop hakkede pekannødder
- 1 kop usødet tørret kokosnød
- 1/2 kop gyldne rosiner
- Flødeost frosting
- 8 ounce flødeost, ved stuetemperatur
- 1/4 kop smør, ved stuetemperatur
- 3 kopper pulveriseret sukker
- 2 tsk vaniljeekstrakt

Rutevejledning:

a) Forvarm din ovn til 350 grader ved at placere risten i midten. Beklæd en 12-kops muffinpande med cupcake liners under forberedelse.

b) Bland bananer og ananas i en skål.

c) Mos sammen med bagsiden af en gaffel og stil til side. Pisk eller pisk mel, bagepulver, natron, kanel og salt sammen i en separat medium skål.

d) Tilsæt smør og sukker i en stor skål. Pisk med et piskeris, indtil blandingen er luftig og let. Kom gradvist æggene og derefter vaniljeekstrakten. Tilsæt de tørre ingredienser i det våde i scoopfuls og pisk indtil grundigt kombineret.

e) Rør ananas og bananer i, pas på ikke at blande for meget. Fold pekannødder, kokos og gyldne rosiner i (hvis du bruger). Hæld dejen i foringen, og arbejd med at fylde mindst 2/3 af vejen. Sæt det i ovnen og lad det bage i omkring 30 til 40 minutter.

f) Tegnene på færdige cupcakes vil omfatte en tandstikker, der kommer ren ud og har et ydre gyldent udseende.

g) Tag den ud af ovnen og læg den på en rist til afkøling. Når dette er opnået, brug en lille spatel eller køkkenkniv til at froste toppen af hver cupcake. Top med finthakkede pekannødder.

Frosting (flødeost)

h) Kom flødeosten og smørret i en skål og pisk det sammen med et piskeris til det er meget glat og uden klumper.

i) Tilsæt derefter vaniljeekstrakt og fint sukker, pisk konstant, indtil det er let og glat.

KONKLUSION

Som enhver kreativ udøvelse er bagning en form for selvudfoldelse, der hjælper med at lindre stress. En opskrift er bare en opskrift, indtil en bager kommer for at lave den - og hælder lidt af deres passion, kreativitet og kærlighed i den. Bagning kan endda bruges som en form for kommunikation, til de tidspunkter hvor ord ikke føles som nok. Det kan formidle kærlighed, tak, påskønnelse og endda sympati.

Milton Keynes UK
Ingram Content Group UK Ltd.
UKHW020731161023
430697UK00016B/791